献给母校

哈尔滨工业大学

不熄

熊焰的故事

由甲子 著

哈尔滨工业大学出版社

图书在版编目(CIP)数据

不熄：熊焰的故事/由甲子著. —哈尔滨：哈尔滨工业大学出版社，2020.9
 ISBN 978-7-5603-9052-9

Ⅰ.①不… Ⅱ.①由… Ⅲ.①熊焰-生平事迹 Ⅳ.①K825.38

中国版本图书馆CIP数据核字(2020)第163768号

不熄：熊焰的故事

BUXI:XIONG YAN DE GUSHI

策划编辑	李艳文　范业婷	
责任编辑	孙　迪　那兰兰	
装帧设计	屈　佳	
出版发行	哈尔滨工业大学出版社	
社　　址	哈尔滨市南岗区复华四道街10号　邮编150006	
传　　真	0451-86414749	
网　　址	http://hitpress.hit.edu.cn	
印　　刷	辽宁新华印务有限公司	
开　　本	710mm×1000mm　1/16　印张17.25　插页8　字数234千字	
版　　次	2020年9月第1版　2020年9月第1次印刷	
书　　号	ISBN 978-7-5603-9052-9	
定　　价	68.00元	

(如因印刷质量问题影响阅读，我社负责调换)

熊 焰

国富资本董事长。三湘后人,黑土地生长,中年入京,跨界政商学,非标准权益交易所的探索者,而今在私募股权投资行业领域打拼。

1982年7月—1992年11月,任哈尔滨工业大学团委干事、团委副书记、党委学生工作部副部长、团委书记、校党委委员、共青团黑龙江省委委员等职务。期间被破格评为副教授。

1992年11月—1993年11月,任哈工大海特商贸公司总经理。

1993年11月—2001年5月,任共青团中央实业开发处处长、团中央高新技术产业中心主任,主持中国青年科技园的开发、建设。

2001年5月—2003年2月,任中关村百校信息园有限公司总裁。

2003年2月—2004年2月,任中关村技术产权交易所总裁。

2004年2月—2013年11月,任北京产权交易所总裁、北京环境交易所董事长、中国技术交易所董事长、北京产权交易所党委书记、董事长等职务。期间凭借对产权市场的敏锐洞察，打造出了拥有十三家交易所的交易所集团，汇聚了国资、金融、技术、环境、林权、矿权、石油等交易品种，并打造出了有重大影响力的国家级交易所——北京产权交易所、北京金融资产交易所、中国技术交易所等，成就了非标交易市场的奇迹。曾被业内称为产权圈里的"交易所一哥"，获得2011年度华人经济领袖等荣誉。

2013年11月—2015年3月，任北京金融资产交易所董事长、总裁，中国银行间市场交易商协会副秘书长。

此外，熊焰历任中国企业国有产权交易机构协会会长，中国并购公会副会长，中国股权投资基金协会副会长，中国财富管理50人论坛组委会联席总干事，亚杰商会会长等社会职务。

从业期间陆续出版了《资本盛宴》《中国流》《国有资产产权交易初探》《低碳之路》《低碳路线图》等著作。

1960年，熊焰和姐姐熊宪华

1974年，全家福

1972年12月20日，哈铁一中四年四班毕业合影留念（后排左二为熊焰，前排左三为陈畅）

1982年，熊焰结婚典礼照

1980年，熊焰寄给女友陈畅的信

1982年10月，熊焰在南京

1982年10月，熊焰和妻子陈畅在北京北海公园旅游照

1982年结婚照

1984年哈工大团委被团中央授予"先进团委"光荣称号。站立者，左起：姜明（团委书记），于珏（干事），熊焰（干事），杜松岩（团委副书记），刘晶珠（干事），项银康（团委副书记）；坐者，左起：姜波（干事），于德斌（干事），周晓明（干事），张陆洋（干事）

1984年夏天，陈畅和光光在哈工大主楼前，熊焰拍摄

熊焰妻子陈畅来到北京初期工作照

1987年,哈工大首批军训大学生毕业典礼(二排左四为熊焰)

1987年,五四表彰(右三为熊焰)

1988年，熊焰硕士论文答辩

1988年，熊焰硕士毕业，于哈工大主楼后拍照留念

1988年，熊焰夫妇于北京世界之窗，女儿光光拍摄

1991年秋季,熊焰做8907-1班社会实践总结点评

1991年,熊焰访问日本期间,在团队讲座中自我介绍

2002年,熊焰在韩国观看日韩世界杯(中国对土耳其),与刘晓光合影

2002年,熊焰与光光在加拿大华侨大学

2009年1月，熊焰在北交所工作期间

2009年，北交所年会，熊焰举杯高歌一曲《鸿雁》

2011年度华人经济领袖盛典获奖者合影（右四为熊焰）

2014年,熊焰登上《中国金融》杂志封面

2019年6月,熊焰与刘永坦院士等人聚餐留念

2019年十一假期,熊焰、陈畅夫妇结婚37周年纪念旅行,于希腊爱琴海上

代序

折腾吧，中浪！

按照流行观念，六十四岁的熊焰应该算作"前浪"的，但是未必。前不久，九十六岁的黄永玉老先生跟我通电话，问：

"你今年多大了？"

"七十三。"

"少壮！"

哈哈！

我若少壮，熊焰便只能算"中浪"吧？

中浪的问题是折腾。

折腾也未必都是自愿的。直接原因，是我们在"三千年未有之大变局"的历史背景下，又迎来了改革开放。改革开放使家庭命运和人生道路由他人规划成为过去时，许多人便都面临一个问题：折腾，还是不。

不愿意折腾的是大多数。他们也都享受了改革开放的红利，只不过多半在平均值水平甚至以下。折腾的结果则有两种：成功，或者失败。熊焰当然是成功了，但不能以此证明折腾就一定是对的。

成王败寇,这种观念要不得。

要紧的,是能不能选择。

事实上,一个健康的社会应该给予自然人的权利有很多,选择权无疑是其中最重要的之一。不能选择的人生如同监禁,没有选择的社会死气沉沉。同样毫无疑问的是,选择是权利,不是义务。是权利,就可以放弃。也就是说,你可以选择不折腾,这没有任何问题。但,如果谁愿意折腾,应该给他自由和保障。

当然,折腾失败,也由他自己兜着。

最怕的,是不想折腾被折腾,想折腾的动不了。

不得不折腾,是不幸的。

想折腾就可以折腾,则是幸运的。

我们有幸生活在可以选择的时代,应该珍惜。

那就折腾吧,中浪!

生命在于运动。

折腾不止,生命不息。

易中天

庚子年夏于江南某镇

自序

说一本关于我的书

哈工大百年校庆,哈工大出版社要出一套"建校百年·哈工大人系列丛书",我在被邀之列。由甲子女士以流畅自然的文笔撰写了这本书,把一个普通人的故事讲得风风火火。通读这本书,从旁观者的角度看自己,是件蛮有意思的事。

(一)

我确是赶上了翻天覆地的大时代。

改革开放前,我和父母、姐姐四口人挤在三十平方米的房子里;如今我和妻子在北京西二环的住房面积约二百六十平方米。1982年,我大学毕业后的年工资不超过六百块钱;2015年,我辞职创业时的年薪有二百多万。时光倒退四十年,谁也不敢畅想今天的生活是如此这般。我国的GDP在过去四十年以年均9.5%的速率在增长,这是人类世界独一无二的奇迹。

我们就长在这个奇迹中。这个时代几乎跨越了农业社会、工业社会、后工业社会到信息社会,把很多国家上百年、几代人才能完成的现代化进程,在短短的三四十年中完成了。我们赶上了这样一个雄浑的时代,每个人都能有干事创业和探索未知的机会，这种机会是千百年来头一遭出现的。在过去很长一段时间内，我们几乎没有自己的选择权——没有选择职业的权利、没有选择工作地点的权利，甚至选择配偶的权利也不在自己手上。改革开放把这些权利给了包括我在内的所有人。有了选择权，人的主观能动性、创造性和潜能才能得到最大限度的发挥。命运是由自己掌握的，我命由己不由天。所谓成功，就是通过自己的努力，让命运比上天给我们的安排更好一点。每个人的资源禀赋、家庭教育、成长环境不同，与其与他人做对比不如勤观自身，主动去选择。

回想我这并不长的大半生，应该说四个关键选择对我来说非常重要。1978年，放弃了铁饭碗，考上了哈尔滨工业大学；1993年离开母校，来到北京，在团中央创建中国青年科技园；2002年，受北京市政府领导之邀参与产权交易所的改制与创建；2015年，我五十八岁时，从北京金融资产交易所董事长、总裁位置上辞职创业，创建现在的国富资本。亲友们说我喜欢折腾，我认同。不确定的人生才有生趣。人的一生，怎么过都是三万多天，人生苦短、生命可贵，珍惜生命最好的办法就是"折腾"。

（二）

我对生命中的际遇充满感恩。

我的父亲和母亲经历了不少磨难。父亲是二十世纪四十年代浙江大学土木系的高材生，可由于时代的原因，他的才学与抱负只能雪藏在流年之中。五十岁时，完全可以干一番事业的父亲为了能让我有一个稳定的工作，他退休让我来接班，自己早早地开始了退休生活。父母把全部的爱、希望、弥足珍贵的机会都给了我。我没有理由不努力拼搏、努力工作，在我身上，有两代人的希望。

我与妻子陈畅有少年相识的情谊。到后年，我们的婚姻就满四十周年了。和一个喜欢折腾的人合伙创业是不错的，和这样的人搭伙过日子就未免有点儿刺激了。陈畅是信任我、懂我的人，这是我极大的幸运。我的女儿光光是我的骄傲，有她在，我觉得生命更加喜悦和安宁。

回顾我的职场经历，遇到了诸多敦厚、睿智、善良的领导，同事也很友善。这让本就不擅长争权夺利、不会搞阴谋阳谋的我能得到足够的信任与支持。在这个基础上，我才能调动起足够的亢奋把全部的想法变成工作的实践和成果。我是个粗线条的人，幸而我的同事们超强的落地能力和执行能力弥补了我的缺陷，让我在不同的职场阶段做出了成绩。由于我爱折腾，数次经历离职，难得的是从未有过"人走茶凉"的体验。无论离开多久，与原单位的老同事、老朋友都能保持着持续的、友善的联系。这在当今社会，实属不易。

（三）

我愿意做有意思的、有价值的大事。大事一般都有难度，最看眼界、胸怀和担当。大事情、大目标才能激发个人和团队的潜能，聚集、组合更多资源和能量。很多大的事在起步的时候是看不太明白的，于人有利、于己无害的大事要先参与进去。虽然一开始并不知道我的利益、位置、角色是什么，但只要确信自己对此事有价值、有贡献，成功不必在我，但成功最好有我。参与了一件大事，有价值、有意思的事情，我只需要获得一点点社会平均回报，可能就是很可观的回报了。

人生中难免出现坎坷，尤其对喜欢折腾的人。但既然选择了远方，也就选择了风雨兼程。如果事情真的来了，躲是躲不掉的，你越想逃避，它就越要追着你穷追猛打，唯有坦然面对。

（四）

人人都在追求幸福，都想成为幸福的人。那幸福是什么？你经过努力，得到的超出你预期的，就是幸福。超出一点点就是小确幸，超出很多就是大幸福。

那么，最开始你设定的那个目标和中间努力的程度都会影响到你的幸福。

同样一件工作，不同的人会设定不同的目标。这与我们所经受的教育、过去取得的成绩，与我们所承担的社会责任，与家庭、社会对我们的期望呈正相关，并且这个目标是持续提升的过程。随着你的进步，手上的资源越多，你的目标就会变得越来越高。人生就是一次又一次的提高目标、达到目标的过程，不断循环反复。在这个过程中当每一次目标的设定比较恰如其分，我们通过努力达到了，我们就会感觉到强烈的幸福，否则就不开心。

每一个人在这个世界上都是独特的，在六十几亿人中你是唯一的。对你而言，你就是你的世界的中心。因为你活着，你的世界存在。所以，自信地、确信地活着，去争取属于你的那份幸福。但我们也要明白，人类是地球上几百万个物种中的一种，我们每个人又是人类中的六十几亿分之一。在人类历史长河中，我们今天所经历的一百年，是人类历史长河中的一瞬间。每一个人就像茫茫大海中的浮游生物那么渺小，我们不值得自大，这就是生命和人生的辩证法。我们既要高度自信，我是世界的中心，同时也要意识到，我们每一个人，每一个个体，极其脆弱，极其渺小，极其短暂。我们要相互依靠、抱团取暖、彼此帮扶、寻求合作。

（五）

我的二十二岁到三十七岁，青春最闪亮的日子在哈工大。大学是人生观、世界观形成的关键阶段，高考把智力、志趣相近的一群人集中到了一起，我们这群人都以作为哈尔滨工业大学的一员而庆幸和骄傲。在人们的称谓中能称之为母亲的，除了妈妈，还有祖国和母校。我感谢母校给我以智慧、给我以历练、给我以方法，我在参加工作后所展现出来的一些能力在某种程度上都与母校有一定的关系。由于哈工大领导的信任，也由于我的职业经历，来北京后我用很大精力参与到哈工大北京校友会的工作中，这也构成了我人生中很温暖、很骄傲的一个篇章。

我近期正在跟哈工大特别是哈工大管理学院紧密合作，准备建设哈工大数字经济研究中心，我希望能够边思考研究、边投资实践。国富资本的主攻方向就是数字产业，以产业互联网为背景，以要素交易为轴线，以政策研究和项目拓展相结合，以资产数字化和数字资产化为重点展开领域，我希望能够迎上这拨产业互联网的浪潮，能够继续为母校、为社会做一些有意思、有意义、有价值的大事。

这是一本关于我的书，邀诸君共品读。

熊　焰

二〇二〇年七月，北京

目　录

1 / 来处

如果你知晓他的来处，略闻他祖辈的言行和他父母的故事，你就会理解他在命运的跌宕之中所做的每一个选择。

一门选修课	3
民国老报人	6
蓝田五车堂易家	10
母亲和父亲	14
全部的爱	18

2 / 匆匆

燕子去了，有再来的时候；杨柳枯了，有再青的时候；桃花谢了，有再开的时候。但是，聪明的，你告诉我，我们的日子为什么一去不复返呢？——是有人偷了他们罢：那是谁？又藏在何处呢？是他们自己逃走了罢——如今又到了哪里呢？

细木工	25
77、78级	28
彷徨	28
坚定	30
我的大学	33
无边无际的幸福	33
受刺激	35
青年时代的开蒙	38
一"瓢"小诗	43

3 / 青春之歌

以青春之我，创建青春之家庭、青春之事业、青春之国家，谱一曲青春之歌。

有心栽花	47
春风再美	48
孤光一点萤	56
第一象限	59

	晨光熹微	63
	我的一九八四	65
	思政之小径	66
	同志曰友	69
	奋斗终身	72
	一团火	74
	抟扶摇	74
	人后	77
	涕泗滂沱	80
	桃桃李李	84
	百人团轶事	89
	满天星	92
	蜿蜒	92
	入海	94
4 / 到中流击水	前奏	101
受人之托，忠人之事，唯有心无旁骛，全力以赴。	前门东大街10号	101
	创世纪	103
	小团圆	107
	富强胡同6号院	108
	讲正气	111
	甲方乙方	112
	风起	116
	中关村风云	119
	蓄势	126
	激流	134
	现代产权制度元年	134
	有情人共饮一江水	137
	天下武功唯快不破	143

鸣溅		148
	金融街17号	148
	资本盛宴	150
	低碳之探	153
	两个七天	159
	击缶而歌	174
	开枝散叶	182
	得意之作	185
	熵	193
	沐光沐风	199
变奏		203
	沙石与宝石	203
	有点儿显胖	207
	就这么来劲	210

5 / 归途

每宗进场的交易,无论成交与否,终会离场。

亲	221
友	229
山石	229
晓光	231
赫河之火	233

6 / 拥抱朝阳

你不是夕阳。你是热烈的、奔腾不息的、拥抱朝阳的人。

一封辞书	241
国富资本	247
以子之矛	251
一颗火种	255
不息、不熄	258

跋 造神容易,写人难   261

1 来处

如果你知晓他的来处,略闻他祖辈的言行和他父母的故事,你就会理解他在命运的跌宕之中所做的每一个选择。

一门选修课

故事缘起于十年前的冬季,某个清晨,七点五十分,天色终于大亮。西大直街92号——哈尔滨工业大学,这所地处北国冰城的百年名校即将开始她寻常的一天。

在学校活动中心楼下,一个银发蓬松的矮小老人,挂着拐杖,在寒冷的晨风中顾盼。跟在他身旁的,是他年近花甲的女儿。老人每天清晨在学校的活动中心练唱京剧,数年如一日。这一天,练习结束,他要女儿陪他在大门口等一等,他心中有一件事儿,今天就要落实。

一个月前,他第一次造访活动中心,工作人员很客气,但是没见到负责人。第二次,他直接到团委书记办公室门口等,还真把人给等回来了。书记是个三十岁出头的年轻干部,看到一位老者等在门口,虽然心里有点儿纳闷儿,但还是赶紧将他请进办公室,端上热水,陪他促膝而坐。老人谦谨地介绍了自己,他是一位京剧艺术爱好者,年逾八旬,现在利用业余时间指导哈工大(哈尔滨工业大学简称哈工大)学生京剧社团。书记见这位老先生彬彬有礼,侃侃而谈,时而循循善诱,时而置地铿锵,令人刮目相看。听毕,心悦诚服。老先生谈了学校京剧社团的历史和发展现状，提出了应当在学校开设京剧选修课的建议。他摆事实、讲道理，说古今、陈利弊，动之情，晓之理。团委书记当即答应了协助他与学校教务处等部门沟通。这样的结果真是不错。临走时，老先生说了很多感谢的话。半个月有余，校方给了明确答复，基于授课教师的年龄和健康状况考虑，认为开课条件不够成熟。得到这个答复，老先生随即又找到了一位年纪稍小一点儿的退休老教师，力荐给学校。又过了一周，学校相关部门给予回复，在学校团委为这门选修课的一切风险兜底、20多名学生爱好者提出书面申请的情况下，经评估，最终决定开设这门选修课。根据学校教学计划，得到批复的开课申请，将于下一学期开启选课系统。

老先生甚感懊恼，竟又要等待一个学期。一个学期加上假期要6个月。对于一个二十岁出头的年轻人来说，这无非就是学期开始、精彩纷呈的学生活动、小长假郊游、风花雪月、考试前的突击、考完试的放松、假期出国游学……斑斓得很。而对于一位耄耋老人来说，一切必须只争朝夕。老先生感觉没法再跟教务处"硬碰硬"，那就还是曲线救国，三次来找团委书记。书记是个耐心的人，这次跟老先生讲了学校的教学计划与规定，这种安排并非循规蹈矩，而是循序渐进。老先生想想也是，作为一个校外高龄退休人士，人家年轻干部这么忙，肯听上两句实属不易，能推进到这个地步已经算小有成果，况且教育大事，欲速不达。直到今天，老先生还是想着，书记同意了，可书记要忙的事儿很多，不直接管学生、不直接处理相关事务对接，万一没有传达到位，个中细节，失之毫厘可谬以千里。越想越不放心，还是来找一下团委具体负责社团的小干事。年轻人都忙，大会小会，各种活动，所以，早上上班时间来找她，差不了。

这门选修课，最终突破了"规定"，在新的学期成功开设了。有没有创下开课教师最高年龄的纪录,那要去问学校档案馆了。那些年,哈尔滨工业大学的各类晚会上,京剧、昆曲、相声等传统艺术类节目大放异彩。而这位老先生,在各类演出中为学生们做指导和陪练;偶尔也上场,坐在角落里拉京胡配乐,在追光灯照耀不到的地方,大隐于市,深藏功名。

这位普通的京剧爱好者,年逾八旬却很时尚,会使用电脑上微博和QQ空间、会用电子邮件、会用QQ聊天。他成天和一群大学生在一起,学生们尊敬他,喜爱他,愿意与他促膝聊天,推心置腹;他深深地热爱着自己的国家,并把这种爱转化成了一种行为习惯,用自己的力量坚守着他热爱的传统文化;他在蹉跎岁月中饱经风雨,尝尽冷暖,深谙处世之道与人情世故;他执着又顽强,当别人看到层层阻力之时,他看到的永远是成事的机会。

老人名叫熊敬威,是本书主人公熊焰的父亲。

民国老报人

追溯熊焰的家史故事和其中的人物,那要单独成一本书了。本书就从熊焰的祖父、熊敬威的父亲——熊伯鹏说起吧。

熊伯鹏是湖南湘潭人。湖南自古就是个人杰地灵、文化兴盛的地方。湖湘文化是家国天下的忧患意识和经世致用的思想的糅合,它的源头可追溯到先秦和两汉时期的荆楚文化。屈原是这个时期的典型代表人物,他报国无门最终投江殉国的故事对后来湖湘文化的形成产生了深远影响。周敦颐开宋明理学之先河,朱熹是宋明理学的集大成者。湖湘学人在这一时期取得了极大成功,在道学思想、阴阳对立的矛盾观、力行致用的知行观等方面都有重大建树。鸦片战争后,东西文化在此交融,各种冲破旧思想的火花,惊心动魄的战争阴云,杀身成仁的民主志士,前赴后继的革命英雄,气贯山河的群众运动,一幕幕悲壮的历史剧在湖南这片土地上不断上演。

家国天下的忧患意识、开拓求新的创业精神、书生意气挥斥方遒的经邦济世理想,在熊伯鹏身上均能窥见一斑。1931年,日本侵占东三省之后，湖湘精神展现出其兼济天下的一面，这一时期，湖南的各种报纸和刊物如雨后春笋一般涌现出来，这对促进湖南抗日文化的形成起到了不可估量的作用。以文化界为主力的湖南抗日救亡运动席卷了全省，持续六年之久，对促进南京和湖南省当局向抗日方面转化，推动全国抗战局面的形成，起到了重要的催化作用。[1]

20世纪30年代，熊伯鹏所在的商店遭遇火灾，失业后，他不想重操旧业了。长沙《市民日报》与工商界关系密切，经编辑部朋友推荐，他进入《市民日报》担任社会版的编辑。他边学边干，很是高兴。不久，熊伯鹏受到当时上海出版的若干小报的启发，与《市民日报》的编辑康德、朱德龄及《大公报》副刊编辑田慧茹四人发起创办了四开篇幅的《晚晚报》。《晚晚报》当时在湖南省非常知名，它时效性强、版面活泼，勇于揭发社会黑幕，主张抗日，反对独裁统治，多次抨击国民党政府，引起国民党当局不满，抗日战争前曾先后五次被封停刊。《晚晚报》创刊初期，抗日态度异常坚决，对蒋介石的不抵抗政策更是尖锐讽刺。1931年11月25日，《晚晚报》在《读了蒋主席的忏悔语以后》[2]一文中更是一针见血地指出，蒋介石是"为满足个人的领袖欲，不惜陷中国于覆亡，陷四万万同胞为奴隶"，是"重大罪过"。在《晚晚报》创刊发行才只有半年的情况下，就能如此针砭时弊，其创办人之正气和胆识令人钦佩。《晚晚报》还经常揭露当时湖南国民党内部的派系斗争，也因此，1936年10月，湖南省政府主席何键罚令其永久停刊。

1947年4月，《晚晚报》复刊，在地下党员推动下，更以敢言著

---

[1] 历史资料参考文献：《力报》研究——以《长沙力报》为中心，戴玉龙，湖南师范大学硕士学位论文，2009年5月。
[2] 忏悔语指蒋介石在国民党四中全会上发表的公开"谴责"自己的话。

称,又被两度查封。在那个动荡的年代,熊伯鹏因为倾向共产党的主张,抨击国民党的政策,被国民政府抓起来坐过牢。出狱后,熊伯鹏又重新执笔,读者几乎每晚都能读到他的弹词。弹词本是民间的一种叙事诗体,如《再生缘》《笔生花》之类,洋洋数十万言,可谓大观。而熊伯鹏的弹词,每晚仅占一小块豆腐的版面,或抨击社会黑暗,或描绘社会诸相,亦庄亦谐,委婉曲折,直通读者内心,引起极大共鸣。弹词到了熊伯鹏手里就变成有韵的杂文了。

"吾名得自板桥翁[①],

博士头衔是冒充。

糊里糊涂堪自笑,

有时如哑又如聋。

自从我把弹词唱,

真是天天打背弓[②]。

我只得,

嬉笑之中加怒骂,恍如金店唱装疯。"

当时有人赠他一联——"博士[③]并不糊涂,绝顶聪明形笔墨;弹词能通雅俗,满腔悲愤入琴弦。"

熊伯鹏是个知识分子,同时颇有商业头脑又兼具实干精神,是当时湖南小有名气的"跨界斜杠青年"。在新中国成立前夕,他曾经是长沙最大米厂的老板。新中国成立后,熊伯鹏成为长沙米业工会的首任会长。但这位跨界传奇人物性格高傲、爱憎分明,不善逢迎,注定

[①] 节选自熊伯鹏弹词《我要抗议——三唱邵阳永和金号案》。

[②] 打背弓,长沙方言,意思是背包袱、受窘。

[③] 熊伯鹏著有《糊涂博士弹词》一书,"博士"是读者对他的代称。

不能一生坦途。

熊伯鹏一生跌宕,面对大时代的变迁,他不曾畏惧,不曾退缩,乐观豁达。他甚至在临终时自撰讣文。

"我因气急败坏①,已于1987年移居幽泉,另觅仙所,以诗为证:

一世糊涂博士衔,钢窗内外恶名传。

芊芊世事糊涂叹,浊浊人生伯老看。

乱语何将存心底,胡言匆把唱报端。

为因郑老②言难得,便赴苏泉太学堂。

那种集体向我鞠躬的事就暂不必搞了。何时能搞呢?这也由不得我,还是以后再说吧,后会有期,请来叙旧。寒舍地址,幽泉大阁家沟三室495号。糊涂博士,古历丁卯年七月鬼节。"

---

① 熊伯鹏自己注释:医学术语为呼吸功能衰竭。
② 郑老,指写出"难得糊涂"的郑板桥。

蓝田五车堂易家

熊伯鹏的长子取名敬威。熊敬威自幼聪颖好学，1944年考上浙江大学土木系，师从竺可桢大师。熊敬威的大学生涯颇为周折，入学时正值浙江大学西迁遵义湄潭办学，生活条件极其艰苦。抗日战争胜利后又随学校辗转返回杭州。1949年长沙解放之际，熊敬威学成归来在柳州铁路局工作。就在这段时间，他遇上了妹妹熊若磬的中学同学易瑱音，一见倾心。

这位易瑱音，出自书香名门——蓝田五车堂易家。

易瑱音的父亲易思麟毕业于湖南法政学堂，曾担任中华民国湖南道县代理县长等职。终因不适官场，在不惑之年挂冠而去，回乡赋闲，自学药理医术治病救人。易瑱音原名易殿英，生于1930年9月，在同父同母的兄弟姊妹中她排行第十一，是最小的一个孩子，因此起名为易殿英。小殿英出生的时候身体非常弱，体重还不到四斤，有幸父亲易思麟颇通中医，喂了些中草药，算是捡了一条命。当年有位为非作歹的大军阀名叫孙殿英，因此，易家给小女改名为瑱音。易家是一个名副其实的大户人家，三四十口人在一起生活。瑱音自幼身体不好，又是家里最小的女儿，年龄和好几个侄子差不多，大家都称之为"满姑"，还是比较受家人重视和关照的，经常可以在主桌上吃饭。当时易家主要的生活收入来源是靠瑱音的大哥易仁荄。易仁荄是当时湖南知名的才子，20世纪30年代毕业于清华大学历史系，与吴晗先生、翦伯赞先生是同班同学。为了维持家中生计，他放弃了在北平任教的机会回到了长沙，同时在几所中学教授历史课，撰写了当时湖南省级中学历史教材。瑱音的二哥易甲鹇曾就读于张之洞在武昌营坊口都司湖畔创建的两湖书院，是清末第一批被送到日本陆军士官学校的公费留学生。学成归国后，易甲鹇担任了清末新军的高级将领，这期间他为易家在老家——湘阴营田镇修建了豪宅"言馨堂"。后来易甲鹇跟随黎元洪参加了辛亥革命，南北议和后，拒绝袁世凯的拉拢，再次东渡日本，就读于日本陆军大学。1915年回国后，他不愿为军阀效力，从此退隐。瑱音的六哥易庭源1940年考上了厦门大学中文系，但时局不稳，国难当头，烽火连天，外出求学既不安全又出不起路费，只好改上当时设在湖南所里（今湖南吉首）的国立商学院。毕业后，他留校任教，后任教于湖南大学，之后又调到中南财经学院，最后任教于合并后的中南财经政法大学，直到退休。他是我国著名的会计学家。著名学者易中天是易庭源的长子。瑱音幼年清贫但宁静的生活很快被日本的侵略打破了。1938年11月，因日寇的进犯，国民党当局采用"焦土政策"，制订了焚烧长沙的计划。一系列偶然因素让这场大火变得不受控制，最终导致长沙30 000多人丧生，这就是当时震惊中外的"文夕大火"。瑱音那时八岁，和家人一同逃往营田老家。不到一年的时间，1939年9月，第一次长沙会战打响。瑱音的老家位于湘江和汨罗江的交汇处，是水路进攻长沙的必经之地。9月23日凌晨三点，日军在冈村宁次的亲自指挥下重兵突袭营田,不到12小时,驻守营田的中国守军第37军95师569团几乎全部阵亡,营田沦陷。之后,日军开始了残忍的屠杀,被俘的副团长惨死,当地村民1 000多人遇难,史称"营田惨案"。①

瑱音的家族是分三批逃离的。1939年2月,也就是营田惨案发生的七个月之前,瑱音的大哥易仁荄任教的中学为了躲避战火,迁移到了湖南省涟源市六亩塘镇五车堂,大哥把家里的孩子们也都带过来上学,这是第一批。两个月以后,时局越来越紧张,家里的女眷也由瑱音的妈妈带领逃离了营田,投奔过来。第三批,在营田惨案发生的当夜,剩余的30余人仓促出逃,直奔五车堂。年仅十岁的瑱音跟随妈妈在第二批逃难的人群中,一家人扶老携幼走进湘西深山。沿途枪声不断,此起彼伏,惊心动魄。瑱音的全部行李就是一个绿色的小布包。他们辗转几百公里,几个月后才逃到了蓝田五车堂。在逃难的路上瑱音染上了伤寒,命悬一线,还是靠父亲的草药救了一命。刚刚在五车堂住定,忽然一个晚上,大人小孩儿都被叫起来马上逃跑。当他们逃出了十几里地之后,就听到隆隆的爆炸声。一些没来得及出逃的亲友,就在那次轰炸中永远地埋骨他乡了。

一个初秋的夜晚,全家人男男女女围坐在院子门前的广场上乘凉,不知谁唱起了那首流亡歌:"从那个悲惨的时候,脱离了我的家乡,抛弃那无尽的宝藏,流浪!流浪……哪年,哪月,才能够回到我那可爱的故乡?"②

---

① 易瑱音家族史实部分参考,郑波、金辉,中央电视台制作纪录片《客从何处来》,2014年4月27日,中国中央电视台综合频道播出。
② 抗日流亡歌曲《松花江上》选段。1935年张寒晖在西安目睹东北军和东北人民流亡惨状而创作的一首抗日歌曲。

这一天正好是九月十八日。全家人都跟着唱了起来，也都哭了起来，一遍又一遍，歌声和呜咽伴着山风，久久不散。瑱音和家人在这里居住了七年，度过了艰难的抗战时期，这里已成为她的第二故乡。在这种颠沛流离的生活中，瑱音的大哥易仁荄每天晚上点着蜡烛，编写完成了100多万字的中学历史教材《初中本国史》，后来在湖南省内被广泛使用。这个时期易仁荄的收入并不稳定，因易家人乐善好施，亲友逐渐聚拢过来，一度有七八十人共同生活，生计成了大问题。瑱音的几个哥哥想了一个办法，找来制造蜡烛的原料，自己做蜡烛卖给读书人照明用，来补贴家里生活。当时五车堂易氏生产的"金鸡牌蜡烛"十分畅销。后来易瑱音在北方生活，但身边一直带着一个小小蜡烛箱，成了子孙后代的传家宝。易家人还在这里开荒种菜、种红薯、纺纱织布、做衣服，从山中采来植物的茎叶，制成颜料，把衣服染成绿色。①

---

① 易瑱音生平参考，熊焰，《怀念母亲易瑱音》，2015年2月28日，自媒体公众号"国富资本熊焰"。

母亲和父亲

易瑱音少年时期生活在兵荒马乱的时代，尝尽颠沛流离之苦。19岁这一年，长沙解放，像多数懵懂的青年一样，作为刚刚毕业的高中学生，易瑱音以极大的热情迎接着新政权和新生活。经过严格的考试和短暂的培训，她成为湖南省委党校的一名教员，她的学生中有许多都是那些经过战争的老革命和工农干部。这时的易瑱音已经从那个被疾病折磨得奄奄一息、羸弱多病的小姑娘出落成了一个楚楚动人的大姑娘。她温柔秀美，落落大方，讲起课来不紧不慢，很受学员欢迎。芳华之年的瑱音自然吸引了众多的追求者，但只有一位，她的中学同学熊若磐的哥哥博得了她的好感。熊家是当年蓝田五车堂易家大家庭的常客，可谓患难之交，熊、易两家也算是通家之好。熊若磐的哥哥正是熊敬威，当时刚刚从浙江大学土木系毕业，在柳州铁路局工作。两人很快开始热恋。1953年，熊敬威27岁，易瑱音23岁，二人喜结连理。婚后，瑱音跟随爱人到柳州工作，成为柳州市委党校的一名教员。次年9月20日，中华人民共和国第一部宪法——《中华人民共和国宪法》在第一届全国人民代表大会第一次会议上通过，全文共4章106条，被称为五四宪法。就在这一天，熊敬威和易瑱音的爱女出生。为了纪念这一神圣庄严的事件，夫妇俩为爱女取名宪华。一个甜蜜幸福的小家庭在共和国温暖的摇篮中孕育着。

1955年，为了学习当时苏联人管理的中长铁路的先进经验，熊敬威作为柳州铁路局派出的青年干部来到哈尔滨铁路局的阿城工务段担任副段长，全家人扶老携幼从温暖潮湿的广西来到了天寒地冻的黑龙江。两个年轻人习惯了四季常青的南国水乡，在东北生活有诸多的不适应，闹出许多笑话。没有自来水，冬天下班后去井里打水是一个巨大的挑战。黑灯瞎火中，两人战战兢兢，好不容易打了一桶水，脚踩在冰面上，踉踉跄跄，打着趔溜滑回到家，桶里的水只剩了一半儿。到东北的第二年，8月8日，阿城区火车站旁边的一个二层小楼里，他们的第二个孩子出生了。一个圆圆脑袋的小男孩，目光炯炯如炬，脸上带着浅浅的笑容。这个孩子来得这样巧，正是这个家庭需要温暖的时候。姑姑熊若磐给孩子取名为熊焰，熊熊的火焰温暖这北方的苦寒之地，希望他能拥有犹如熊熊烈火一般炽烈精彩的一生，不枉此行。

熊焰出生这一年，爸爸30岁，妈妈26岁。

熊家这艘小船，开启了暴风骤雨中跌跌撞撞的远航。

寒冷的北方生活，首先病倒的是熊焰的奶奶。因为阿城没有托儿所，奶奶病倒后，熊焰的母亲根本无法上班。无奈之下，只好把奶奶、姐姐和熊焰送回长沙。母亲一个人搀着奶奶，牵着女儿，抱着才满六个月的小熊焰，还要背着一个大行李。母亲一生要走多少次这样沉重又煎熬的旅程呢。

家庭的动荡、长久的内忧外患，熊焰的奶奶在长沙去世了。只有半岁的熊焰只得被临时寄养到大舅家。尚在襁褓中的小熊焰居无定所，辗转流离中疏于照顾，缺乏营养，突然被一波流行性传染病击中，患上了脊髓灰质炎，俗称小儿麻痹。这种疾病在当时的医疗条件下，几乎不可能治愈。熊焰右上肢、左下肢肌肉萎缩，全家人心如刀割。眼看着活泼健康的儿子可能终身残疾，熊焰的母亲只觉得天塌了下来，后悔自己没能顾全孩子，欲哭无泪。痛彻清醒的母亲决定，无论如何再也不能和孩子们分开，她必须想尽一切办法让孩子尽快康复。她向单位提出，只要能让孩子上托儿所，让她干什么都行。峰回路转，可能是看中了熊敬威的专业能力，上级同意调他去哈尔滨工务段任副段长。熊焰一家终于搬到了有托儿所的哈尔滨市。但从此，母亲失去了干部资格，不能再在学校教书，被分配去了哈尔滨工务段机械厂当了一名翻砂工。

熊焰的病因为没能及时医治，留下了后遗症，需要人照顾。紧接着又赶上三年困难时期，全国人民都在挨饿，物资奇缺。哈铁工务段机械厂工作条件恶劣，缺少劳动防护，在工作中出现事故是常有的事，尤其是像熊焰母亲这种非熟练工人。她起初并不能完全适应高强度的体力劳动，由于不熟练，身体弱，加上为家庭子女忧虑，精神恍惚，她在一次操作中受伤，右手被绞入钻床，导致右臂粉碎性骨折。

她疼得昏了过去，醒来的时候已经躺在了哈尔滨铁路中心医院。医生对这种事故已经司空见惯，加上条件简陋，在未经全面检查的情况下，确诊为右前臂粉碎性骨折，决定截肢。父亲和母亲怎么也接受不了没有右臂的残酷现实。没了胳膊，就无法承担繁重的劳动，更无法抱起年幼的孩子。不能给熊焰按摩复健，残破的身体更无法鼓励孩子身残志坚。没有了手，如何在漫长的艰难岁月中搂住爱人的肩膀。

当夜，他们悄悄地溜出了铁路中心医院，来到了哈尔滨市道外区的一家民办的陈氏接骨院，他们决定冒一次险。母亲忍受着几乎要昏厥的巨痛接骨。最后，除了几段损伤过于严重、无法复位的部位以外，右手的基本功能恢复。但是也落下了终身的残疾，她的右手掌与右臂不在一条直线上，要差出15°左右，小手指是弯曲的，手腕鼓出一个大骨包。但这已经是不幸中的万幸。

那么美丽的、善良的、坚强的、倔强的母亲……

接着，在长期的压抑与接连的冲击下，熊焰母亲的身体彻底垮了，患上了严重的神经官能症，整夜睡不着觉。她还患有低血压、低血糖，在单位和上下班的路上几次昏倒，有一次竟昏倒在铁道线上……可即使是在最艰难的时刻，父亲和母亲始终坚守在一起，小心地呵护着他们风雨飘摇的家庭，照顾儿女周全。1970年，熊敬威不再担任领导职务，去双城县幸福公社插队落户，母亲带着熊焰和姐姐艰难地留在了哈尔滨，熊焰与父亲开始了分隔两地的生活。

全 部 的 爱

孩子，通过身体发肤继承了父母的肉身，通过言传身教继承了父母的精神情怀。父母把孩子带到这世界上，唯有付出全部的爱。

成年以后的熊焰回忆他幼年的时光，大多数时间是压抑的、紧张的。由于家庭的原因，熊焰很多时候感觉自己像一个犯了罪的人，脆弱又敏感。自己的身体不好，在体力上没法跟其他同学竞争，所以他非常在意别人的看法，极度渴望能够被别人认可，得到尊重。

父亲和母亲把在外面受到的压抑、屈辱全部自己扛了下来。只要一回到家里，在熊焰和姐姐面前始终是笑意盈盈，为孩子们营造了一个温馨、有爱、有文化韵味的家庭。然而，熊焰自己关于这个年代的记忆，无论是家庭的，还是他个人的，基本上都跟"吃"有关。

母亲在墙上做了个评比栏，每周给熊焰和姐姐评小红花。拖一次地、洗一次碗都有记录，学习成绩好、品德好也受到奖励。谁得的红花多，周末分吃苹果的时候就会奖励比较大的一块。那时候每周能吃到一个水果是很奢侈的。全家围在一起，母亲把一个苹果切四瓣，把最大的那块奖励给得红花最多的孩子。父亲、母亲对熊焰和姐姐的学习高度重视。当熊焰小学一年级期末考试成绩取得全班第一名时,母亲高兴的神情,镌刻在熊焰的脑海里,直到花甲之年仍记忆犹新。至于这次全班第一,熊焰得到了家里最隆重、最高规格的奖励——两根大果子(油条)。那个油的香味儿、面的咸味儿,那个外面酥脆里面柔软的口感,真是好吃到痛哭流涕。

上了小学的熊焰,开始发觉自己似乎有些"小聪明",为了赢得父母的赞许和周末大一点儿的水果,他会经常和姐姐比着背诗。他擅长五绝七绝类的短诗,背得比姐姐快,就有些小骄傲了。有一次,母亲让姐弟俩背《木兰辞》,因为太长,好几天两人都没背下来。母亲考姐弟俩时,姐姐没背下来,熊焰却耍赖说太长了,谁也背不下来。母亲自己开始背,是用湖南话来背的,而且带着起伏的音韵,一口气背完。母亲背诗时的样子和音调,就是熊焰心中最初的中国文人吟诗的形象。

父母对姐弟俩的品德、意志和能力的教育特别重视。熊焰十岁左右的时候,有一天,他和三四个孩子隔着一个平房向邻居楼房扔石块儿,只听"哗啦哗啦",两家邻居的玻璃被打碎了。母亲下班后,拉着熊焰就向那两家邻居赔礼道歉,并给两家各赔了5毛钱。熊焰内心很不解,好几个孩子,玻璃不一定是他砸碎的,就算是他砸碎的,也不能同时砸碎两块。妈妈批评了熊焰,无论砸中与否都不对,犯了错误首先要勇于面对和承担,而不是找借口逃脱。这个周末分水果,熊焰自然是分小的那块了。父母讲究诚信,事无大小,答应人家的事情一定要办好,办不了也要有交代。铁路工务段工厂有一年分西瓜,一个二十多斤重的新品种,吃完西瓜,西瓜籽儿要交回去。母亲认真地告诉熊焰和姐姐不要嚼烂了,要把每一粒完好的西瓜籽儿都交回去,孩子们高兴地照办。父母亲教育熊焰和姐姐，待人要谦卑有礼，绝对不允许熊焰打架、骂人，即使遭到诋毁和不公，也不可借此欺辱他人，不可说谎。

母亲给姐弟俩买了整套的《十万个为什么》，一直教育孩子们要讲科学，讲道理，不迷信。不管住在哪里，熊焰家的房间里总挂着中国地图和世界地图，没有门神，没有年画。当时熊焰一家住在筒子楼里，厨房和住屋隔着一段走廊。熊焰特别怕一个人在厨房洗碗，晚上没有灯，总觉得黑黑的走廊里藏着很多特别吓人的鬼。母亲告诉熊焰，谁都怕黑，但是这个世界上没有鬼，做人堂堂正正，就什么都不用怕。少年熊焰从厨房洗完碗归来，走过长长黑黑的走廊，从强装镇定到习以为常。

父亲和母亲一直对未来充满希望，对生活充满想象和情趣，紧巴巴的日子也能过得有格调、有品位，甚至繁重的劳动都干得很有激情。在孩子们的心目中，母亲当然是世界上最美丽的人，事实也确实如此。1962年，易琪音的一张大照片被展示在哈尔滨市道里区中央大街最大的照相馆的橱窗里，即便按照今天的标准，这也是绝对的美人照。而那时她是一名翻砂工人，并且刚刚出过工伤不久。1964年，熊敬威当选为黑龙江省人大代表。在北方大厦①举行的省人大代表的联欢会上，熊敬威和易琪音夫妇跳了一曲华尔兹，引得全场代表的赞叹和掌声。夫妻二人对家庭生活的质量有着自己的追求，家居陈设合理、环境整洁；对孩子们的衣着也比较在意，干干净净的同时，尽可能变着一些花样、有一些新的款式，显得与众不同。母亲很会持家，她会让孩子们参与到家务劳动中来，即使在最困难的时期，也尽量让日子过得有声有色。每年春天，母亲都会花两块钱为姐弟俩买上四五十只小鸡雏。熊焰和姐姐负责

---

① 北方大厦，位于哈尔滨市南岗区花园街403号，建于1959年，今新世界百货和花园邨宾馆楼群。

剁鸡食、挖蚯蚓、抓蜻蜓，来喂这些小鸡雏。两个月后小鸡长大了，每周可以杀一只小公鸡，家里的伙食明显改善了。那时候，每人每月只能凭票买半斤猪肉，只有逢重大节日，劳动节、国庆节、春节才能凭票每家买一只鸡。在熊焰上小学期间，熊家住在哈尔滨市南岗区民益街的楼房，一个房间24平方米，多家合用厨房和卫生间。在母亲的提议下，熊家换到了上方街的一个平房，只有18平方米，但屋外能盖房子。在父亲的指导下，熊焰和姐姐挖了一个全院最好的地窖，用挖出的土脱了上千块土坯。父亲带着熊焰和姐姐在自己家里搞起了土木工程，一个20平方米的房子，除了房顶大梁是请师傅来帮着做的，其余所有都是一家人完成的。这房子的门和窗是少年熊焰亲手做的。有了这个房子，熊焰就有了自己的书房和木匠工作间。夏天，熊焰就住在这所自己亲手做成的小房子里，满满的成就感与幸福感。

父母最上心的一件事是为熊焰治病。熊焰一岁时在长沙得了小儿麻痹，后来左下肢逐渐恢复了，右上肢留下了肌肉萎缩的后遗症。从上小学开始，熊焰发现了自己与其他同学的不同。由于手臂力量不够，不能跟同学们一起做间操，别人做操时他只能在教室里收拾卫生；体育课上，由于摆臂不协调，他总是跑不快，就更不用说打乒乓球、打篮球等运动了。男孩子的成长经历中，打架是不可或缺的环节，但熊焰没有，因为他谁也打不过。身体上的缺陷和家庭的原因，曾经一度让他感到极度压抑和懊恼。母亲每天的一项固定任务就是帮熊焰做按摩，做肌肉恢复训练。只要听到有治疗肌肉萎缩的办法，不管多远，母亲都会领着他去求诊，针灸、热敷、长针疗法、埋线疗法、拍打疗法……幼年的熊焰为此吃了不少苦头。上小学之后，熊焰虽然仍被身体缺陷和家庭状况所困扰，但是他自幼聪敏，记忆力好，领悟能力强，学习成绩名列前茅，很快脱颖而出。父母在陪伴熊焰成长的过程中，关注着他每一个小小的进步、小小的成就，从不吝惜表扬与赞许。熊焰很快就在集体中找到了自信，并逐渐得到了老师和同学的认同，很快成了老师、家长口中的"别人家的孩子"。他的小学老师曾经给过他这样的评价——虽说熊焰的身体和家庭不是完美的，但是咱们班要讲聪明劲儿，讲学习能力，还是熊焰！回首往事，如果没有少年时期的磨难，也许熊焰的性格会更加开朗，但这些磨难成就了熊焰沉稳内敛的性格，让他懂得了如何在逆境中求生存和发展，如何在困顿之中依然赤诚。

> 真正的光明决不是永没有黑暗的空间，只是永不被黑暗所遮蔽罢了；真正的英雄决不是永没有卑下的情操，只是永不被卑下的情操所压倒罢了；所以在战胜你外在的敌人之前，必先勇于战胜你内在的敌人。你不必害怕沉沦和堕落，只消你不断地自拔和更新。
>
> ——罗曼·罗兰《约翰·克里斯朵夫》（傅雷译）

匆匆

燕子去了,有再来的时候;杨柳枯了,有再青的时候;桃花谢了,有再开的时候。但是,聪明的,你告诉我,我们的日子为什么一去不复返呢?——是有人偷了他们罢:那是谁?又藏在何处呢?是他们自己逃走了罢——如今又到了哪里呢?

细 木 工

20世纪70年代,由于经济条件所限,老百姓的衣食住行几乎全是DIY。那一时期,城市里的姑娘们以手工、针织、裁剪为标配,基本人人都有能拿得出手的针织、绣花甚至成衣作品;小伙子们以擅长木匠活儿为骄傲,家里的餐桌、板凳、立柜、床等大件儿家具全是自制。木匠活儿好与否成了衡量一个小青年是否优秀的重要因素。那时自制家具很普遍,木匠是个有刚需又收入不错的职业。

熊焰小学毕业前后,父母担心这"半大小子"游手好闲学了坏,专门给他请了位木匠师傅,教他学习木工,同时还能锻炼一下熊焰的手臂。

刚一接触木工,就激起了熊焰极大的兴趣,自己一个个的小方案、小构想都能在敲敲打打之间实现,满满的小成就和小自豪。这些普普通通的木块木条在熊焰手中变得妙趣横生,他很快就发现,运用巧妙的结构方案,不仅节省木料还能使成品更结实耐用。他能在自己的"工作间"一钻研就是一整天。父母都在铁路工作,铁路枕木的边角废料就成了熊焰的"工艺品"原材料。熊焰的师傅叫高大成，只比熊焰大个两三岁，却很懂因材施教。因为身体原因，熊焰肯定不是出活儿最快的徒弟，肩扛手提也都欠点儿意思。但是他能坐得住板凳，耐心细致地研究边线和图形，能体会和发现不同木材的硬度、纹路，有空间思维能力。师傅看重他这点，让他做木工中的细木工——画线、做工具。在我国传统木工技法中，有一个重要的环节叫作"放大样"，即在制作复杂物件时，先将图纸上的小样等比例放大，绘制到一张几平方米甚至更大的木板上，再依葫芦画瓢干活儿。这个环节颇为费时、费力，到了熊焰学木工的时期，行业内已经初步掌握了三角、几何、代数等数学知识，能做到通过计算推测出实物的尺寸。但是基层的技术工人很少具有几何思维，都是师傅吆喝做什么，就出力做什么。熊焰不一样，凡事多问个为什么，又肯钻研，肯吃苦，很快就透过现象看到了本质，画线和绘图工作逐渐得心应手。在当时，一般学徒至少要学习和劳作三年才能去画线，而熊焰只学了三个月就可以去画线了。

画线工作并不轻松。所谓的"细木工"重点在这个"细"字上。画线是工序的开始，不太平直的线或扭曲的角会导致锯削不平整、拼接不合适，造成浪费。在弹墨线时，线一定要绷紧，线上的墨汁要蘸得均匀；用手指提线时，一定要与弹线的木材面垂直，否则弹出的墨线就会有弧度。画线工具宜细不宜粗，这样精度较高。线的宽度一般不超过0.3毫米，并且要均匀、清晰。所有尺寸一定要量准确，这样拼装后才能符合设计图纸的要求。少年熊焰拿着墨斗，按着直尺，屏住呼吸，全神贯注，用枕木废料一次又一次地练习。他那冬不太暖、夏又闷热的"工作间"，有时叮叮当当噪声不断，有时竟听不到一丁点儿声音。

经过近百次的练习和实操，熊焰在木工画线的工序上有了自己的思考和领悟。画线要有先后顺序，难度大的结构还要放大样，只有按大样的形式画出结构，加工时的结构尺度才能符合要求。当时，木工行业中已经形成了稳定的操作工序，但熊焰颇有质疑精神，尝试着调整和挑战既有工序，后来发现，原有的已经成熟的工序中隐含着很多运筹学的道理，采用这种顺序，熟练后能够最经济最高效地完成工作。比如，在对称画线操作中，要先画竖料、脚料再画横料、侧面料，这样才能横竖配合，宽窄薄厚对齐。熊焰还曾尝试将画线中某些工序分离开，后面的工序提前介入，但事实证明，捷径有时是条弯路，尊重和遵循事物本身的发展规律往往比"窍门儿"更容易达成目标。

那几年，家里几乎所有的家具都出自熊焰之手。这些家具没有使用名贵的木材，造型设计也不华丽，但却体现了创作者对生活的执着和热情。学木匠之后，熊焰的思维能力、体力和运筹能力有了明显的进步，逻辑思维也得到了启蒙，变得更加自信，更加勇敢，更有担当。有时，熊焰班级里的桌椅板凳坏了，他敲敲打打不一会儿就修好了。能力水平摆在这里，逐渐地，同学们也不敢欺负他了。

如果一生只做一份工作，做好，做到极致，也是不错的选择。木匠熊焰将来也许会"负箱携具千万家，甘霖播撒满天下"。

77、78级

/ 彷 徨

1976年，熊焰家的状况逐渐好转。父亲那一年50岁，母亲46岁。他们本可以开始一段心情舒畅的工作和生活，但是，为了解决熊焰和姐姐的就业问题，他们没能等到这个国家高速繁荣发展的时期，就早早地离开了工作岗位。1977年，21岁的熊焰已经当过临时工、售货员、木工、文化馆办事员，甚至还曾经拿一根绳子等在哈尔滨火车站附近的上坡，帮助人力车夫上坡，上去了就给一毛钱。直到这年父亲主动退休，熊焰接班后，他才终于有了正式的工作。1979年，姐姐熊宪华25岁，已经在家待业6年。母亲提前病退，姐姐顶替母亲，接班参加铁路工作。虽然父母做出了巨大的牺牲，但姐弟俩总算得到了这"世袭"的工人身份，当上了这极其宝贵的全民所有制单位的坑里的"萝卜"。

父母之爱子女，则为之计深远。

就在母亲退休这一年秋天，广播里传出个惊人的消息，高考即将恢复。1977年9月，邓小平同志主持召开科学和教育工作座谈会，做出于当年恢复高考的决定。教育部在北京召开全国高等学校招生工作会议，决定恢复已经停止了10年的全国高等院校招生考试，以统一考试、择优录取的方式选拔人才上大学。这是个具有转折意义的决定，恢复高考的招生对象是，工人、农民、上山下乡和回乡知识青年、复员军人、干部和应届高中毕业生。会议还决定，录取学生时，将优先保证重点院校、医学院校、师范院校和农业院校，学生毕业后由国家统一分配。得到这个消息后，熊焰一家人将信将疑。母亲特地去邮局买了报纸，通知上明确写了，只要政审合格，单凭考试成绩，就能上大学。一家人讨论了半天，究竟怎么算是政审合格。熊焰家算不算合格呢？打听来打听去，总是觉得不把握。但权衡再三，熊焰还是想试一试。熊焰的父亲毕业于浙江大学土木系，一生从事土木工程方向的工作，熊焰从小耳濡目染，于是决定报考哈尔滨建筑工程学院建筑系。

当时熊焰已经被分配到哈尔滨铁路分局房建办木工厂当木工，因为有木工基础，很快成为画线技术工人，领导很欣赏，工作不是很累，收入也不错。当年在铁路工作等于端上了"铁饭碗"，收入高、工作稳定，乘火车可以免票。在铁路工作的人往往会被"高看一眼"，甚至谈起时都会发出啧啧的赞叹之声。进入铁路的职工很少有人动心思去参加高考。所以，当年哈铁分局房建办只有熊焰一个人参加了高考。

因为对这个高考政策的怀疑态度，对自己的水平完全没底，更怕丢了父亲传给自己的宝贵的"铁饭碗"，熊焰不敢请假复习，白天照常工作，晚上才能打开书本。熊焰虽然上过中学（当时称为"四年一贯制"），但学到的知识很有限。在准备参加高考期间，他不敢声张，也没有别人教，只能晚上回家自学，所以学起来就特别费劲。熊焰每天晚上都要学到凌晨两三点，一般只睡四个小时，一早爬起来再去上班。上班要过铁道,只能步行,不能骑车,路上又要耗费一些时间。

那段时间熊焰的工作强度很大,晚上又得不到足够的休息,身体实在太累了,终于有一次顶不住,差点闯出了大祸。一天下午,熊焰手里拿着斧子,爬上九米多高的厂房去搭"人"字架,由于太过疲劳,精神有些涣散,一打盹儿,人便从架上一头栽下来。出于本能,他用脚勾在了人字架上端,手又顺势抱住架子下端,于是头下脚上悬在了空中,斧子扔出老远,幸好未砸着人。熊焰倒挂金钩悬在架上,因小儿麻痹后遗症,他的右手使不出力气,整个人动弹不得。后来,是工友们搬来大梯子,才把他从架子上救下来。刚到地面,他脚一软,瘫坐在地上,十几分钟站不起来。

经过一番悬梁刺股、争分夺秒地奔跑冲刺,熊焰终于迎来了人生的第一次高考。

1977年冬天的这次高考秉雷霆之势、时不我待,从媒体公布消息到正式开考只有一个月的时间。全国共有570多万人参加了考试。虽然按当时的办学条件只录取了27万人,但是它却激励了成千上万的人重新拿起书本,加入到求学大军中去。时至今日,对多数人而言,"高考"是青葱岁月中"焦虑"的代名词,很多家庭甚至因为"高考"上演着一场场人间悲喜剧。但是在1977年,高考成为数百万国人破除年龄、地域、婚姻、出身的限制,逆转命运的唯一机会。

/ 坚　定

熊焰考上了,但是成绩很不理想,没能进入哈尔滨建筑工程学院,被呼兰师专录取了。直到此时，熊家人才真正相信，"高考"是一件真事儿，只要成绩好就可以被大学录取。熊焰终于不必再瞻前顾后，看到了成绩，他心里也有了底。呼兰这所学校并非熊焰的理想，此时他心中已经有了建功立业的冲动，懵懂的意识之中已经能够感知，走知识发展的道路应该能行得通。但自己手中这个全家人付出了极大的代价才"世袭"成功的"铁饭碗"，丢掉了实在可惜，实在心痛。这个时候，父亲和母亲表示支持他考大学，尤其是父亲，态度异常坚决——

人的一生要为自己的梦想，奋不顾身地拼搏一回。为你自己，为了家庭，更为中华之崛起。

1978年3月18日，中共中央在北京人民大会堂召开全国科学大会。在有6 000人参加的开幕会上，中共中央副主席、国务院副总理邓小平发表重要讲话。在讲话中，他从实现四个现代化立论，阐述科学技术是生产力，知识分子也是劳动者。邓小平同志的讲话，是一次思想大解放，让全国的科技工作者如沐春风。尤其"知识分子是工人阶级的一部分"的表述，明白无误地向世人确证了"知识"的价值。政策的转变好似一场春雨，彻底荡去了熊焰内心深处的自卑和忧虑。让处于矛盾犹豫的熊焰一家彻底放下心来。

熊焰的灵魂深处升起了一股难以抑制的冲动——一定要上大学！朝着理想进发，再考一次。考虑国家的需要和当时的国际国内形势，父亲建议他报考与哈尔滨建筑工程学院同根同源的一所名校——哈尔滨工业大学。这所学校离熊焰家很近，小的时候他经常在学校里玩儿，是熊焰少年时期的梦想。有了第一次高考成绩打底，熊焰此时豪情满怀，要考就考最好的！而哈工大，就是熊焰心中的最好，没有之一。

1978年初，熊焰放弃录取，重新备战。当时国企管得非常严格，要求"扎根铁路""以厂为家",参加高考的人在单位里仍然属于"另类",熊焰只能依旧采用偷偷摸摸学习备考的方案。熊焰的母亲这次剑走偏锋,想办法帮他请了一个月的病假,让他在家闭门复习。当熊焰全身心投入高考备战、准备迎接改变他人生命运最重要时刻的时候,窗外的万里河山,也正发生着翻天覆地的变化。处在改革元年的中国,正上演着一幕幕激动人心的"大剧",而这一切都对未来中国产生了深远的影响。1978年4月底,召开了全国教育工作会议,会上提出"教育事业必须和国民经济发展的要求相适应,造就具有社会主义觉悟的一代新人"的要求;5月11日,《光明日报》刊登了《实践是检验真理的唯一标准》的爆炸性文章,引发了一场关于真理标准问题的大讨论……窗外世界的风雨,偶尔也会飘入窗内学子们的耳中,但那时的熊焰,目光已完全被那座巍峨的高考灯塔所吸引,全部感官都沉浸在备战考试的波涛中,无论是窗外激荡的雷雨,还是悦耳的鸟鸣,都已无法再转移他的视线了。

这一年春天,全国有610万人参加高考,录取40.2万人。功夫不负有心人,熊焰考出了398分[①]的好成绩,被哈尔滨工业大学无线电工程专业师资班录取。

高考改变了熊焰的人生轨迹,打破了他命运的枷锁,从此他的人生与哈尔滨工业大学紧密相连。一颗火苗从炉火中蹦出,偏要去寻那真理之河。

---

① 1978年黑龙江省理科录取线310分,哈尔滨工业大学录取分数线350分。

我的大学

/ 无边无际的幸福

哈尔滨工业大学始建于1920年，建校时期的校名是"哈尔滨中俄工业学校"。哈尔滨工业大学的创建，与俄国在中国建设中东铁路（抗日战争胜利后，改称"中长铁路"）有直接关系，建校的宗旨是为中东铁路培养工程技术人才，学校按俄国的教育模式办学。直至1935年，日本用物资换取了中东铁路苏联一方的产权，学校的教学活动开始向日本教育模式过渡。1945年，抗日战争胜利后，哈尔滨工业大学由中长铁路局领导，属中苏两国政府共同管理。新中国成立之前，哈工大就已经培养了许多在科技界、教育界享有声望的学者和社会活动家，校友遍布世界各地。

新中国成立后，哈尔滨工业大学进入了一个新的历史发展时期。1950年6月，哈工大回到新中国怀抱并进入全面改造和扩建的新阶段。1951年，哈工大被国家确定为我国高等教育学习苏联的两所院校之一，成为学习苏联先进经验，为国内各高校培养优秀人才的基地，并以"工程师的摇篮"而享誉全国。1958年，根据邓小平同志"哈工大要搞尖端"的指示和当时形势发展的需要，哈工大对专业设置进行了重大调整，创建了一批尖端专业，到1962年已基本完成由民到军的转变，形成门类齐全，学科互相配套的专业体系，成为为国防科技及国民经济建设服务的多科性大学。

1966年开始，哈工大正常的教学科研秩序受到严重破坏。1970年春，根据上级指示，哈工大少数人员与绝大部分物资南迁重庆，与哈军工二系合并成立重庆工业大学；留在哈尔滨的部分与黑龙江工学院、哈尔滨电工学院合并组成新的哈尔滨工业大学。1973年8月，国务院、中央军委决定重庆工大北返，恢复原哈工大。几经折腾，学校遭到严重破坏。①

1978年的哈尔滨工业大学经历了南迁北返，正在逐渐恢复建设。这一年，全国两届新生，67万余人同时入学，这是高等教育历史上仅有的一次。三千多名学子在这一年走入哈尔滨工业大学，他们经历了十年动荡的蹉跎岁月，恢复高考改变了他们的人生轨迹，因此，这两届大学生十分珍惜这难得的学习机会，发愤图强，异常刻苦。

22岁踏入大学校园的熊焰，感到了无边无际的幸福。巍峨的主楼、宁静的校园、参天的古树，秋天凉爽的风吹拂在他的脸上，绿草如茵，碧空如洗，万里无云，他想率领千军万马在这理想国里驰骋。这里大师云集，文脉悠长，崇尚科学，尊重知识，熊焰再也不用偷偷摸摸地看书学习了！这里中西合璧，理工兼容，有整齐明亮的图书馆，简朴宽敞的

---

① 资料参考文献：哈尔滨工业大学官网，学校历史。

大教室，随处都可开眼望世界、埋首觅津梁。此时熊焰家里的经济状况也开始逐渐好转，自行车、缝纫机、收音机这样的"大件儿"开始陆续进入家庭。熊焰在学校里可以专心读书，不用干重体力活，不用考虑生计，没有了后顾之忧。同学们都有着相似的求学经历，彼此理解，情感融洽。这幸福来得太真实，让熊焰开始有些小得意，像块小云彩，一直飘，飘到半空中了。

> 所有的日子，所有的日子都来吧，
> 让我编织你们，用青春的金线，
> 和幸福的璎珞，编织你们。

受刺激

熊焰很快就遭到了打击。

77、78级的学生，年龄层次跨度最大，人员构成最为复杂。经过十年停顿积累的人才在这两届汇聚。他们中间有下乡知青，有产业工人，有中小学教师，也有现役军人，遍布工农商学兵各个行业。熊焰的班级里，年龄最小的才15岁，尚未成年；最大的已经35岁，儿女成双。处在中流的熊焰，中学几乎没上过，没有"老三届"（老三届是指在校的1966届、1967届、1968届三届初、高中学生）同学的基础扎实，又没有60年代出生的小同学的单纯心境和好记忆力，学习相当吃力。第一个打击就是英语。英语分班考试，满分25分，熊焰只得了9分，没能考进快班。这让一度对自己学习能力很自信的熊焰产生极大的挫败感。熊焰心有不甘，主动去找了老师，希望能让他去快班试一试，看看能不能跟上。说了两次，老师竟然同意让他试试。快班的教材是英文科普读物《美国的科学家与发明家》，每堂课后，老师都要求背诵一页。他们班十几岁的小同学，真是聪明，一个晚上就能背下来十几页，而熊焰勉强只能背下来一页。天哪！自己的记忆力竟然也是不好的！想当年他可是凭着自己的细心和记忆力超群才当上的细木工。可见此地人外有人，天外有天。

认清了现实后，熊焰没有气馁，更不敢懈怠。下定决心，笨鸟先飞、勤飞，提高效率飞。继高考以后，又开启了新的一轮头悬梁锥刺股。然而，在异常能吃苦、异常能战斗的77、78级学生中，熊焰在大学第一年的成绩只能说差强人意。很多哈工大人都知道电机楼40025，教室举架特别高。那时是熊焰的寝室，当然还有40多个"室友"共同住在这"大平层"里，上下铺。这间巨型寝室几乎通宵不关灯，所有人都在跟时间赛跑，想把耽误的时光追赶回来。黎明时，晚归的人刚刚回来，早起的人已经整装待发。青年熊焰在这一片逆水汪洋中行舟，一篙不得缓，一刻不得息。

到了大学二年级，熊焰的学习成绩终于有了起色，但这并不完全是他努力的结果。大二开了线性代数，正是熊焰所擅长的，他的理解力好，分析归纳总结能力强，很快洞悉了这门学科的脉络，徜徉在线性空间、线性变换、线性方程组的世界中，游刃有余，甚至喜欢到不能自拔。熊焰在老师的授课范围外自己研究，并和同学们组成了复习应考小组，互帮互助。在学习小组中，他俨然成了小老师，小权威，帮同学们押题。最后考试题目押中了百分之九十。可搞笑的是，这门熊焰十拿九稳的科目，竟然没有通过。

这门课是考查课，考试没通过意味着要参加补考，熊焰那时已经是班里的"全优生"了，补考意味着有了一个小"瑕疵"。熊焰翻开自己的卷子，考卷中一共有六道大题，熊焰的考卷上全是"×"，一道也没有做对。可是仔细分析考卷后，熊焰可觉得"占理"了，拿着卷子跑去找老师理论。熊焰的线性代数老师是杨克邵先生，这位老师讲课思路如行云流水，对题目的分析一针见血。他平时不苟言笑，但对前来答疑的学生是有问必答。对前来"找茬"的熊焰也是颇有耐心。熊焰的抗辩思路在今天看来有点儿"强词夺理"——

"杨老师，我六道题全错了，不是您教得不好，也不是我学得不好。是我没好好上小学，加减乘除法基本功不好，加上有点马虎，六道题全错在算数上，不是真的不会线性代数。这是天大的误会啊！"

随后，熊焰把自己给同学们当老师"押题"等"丰功伟绩"和盘托出，最后表明，自己的线性代数水平在班级里数一数二，绝不至于不及格。

杨老师听完这段陈词，问熊焰："你怎么证明？"

熊焰说："我自己研制了'线性代数'的结构图，用来理解题目和辅助'教学'。"

杨克邵老师说："拿来我看看。"

熊焰跑回寝室，又上气不接下气地跑回办公室，摊开他的"宝典"，向杨老师详细介绍了他的理解。

杨老师看了看，问道："这是你自己画的？"

熊焰回答："当然是！您在别的书上看到过吗？"

杨老师又问了其中的几个问题,熊焰果然对答如流。

杨克邵说:"不错,你确实都理解了,我可以给你通过。"然后,在熊焰瞠目结舌的表情中,杨老师拿出了一个小开本、浅黄皮的记分册,把熊焰的成绩勾掉,直接改成"通过"。

果然,那个时代,学生牛,老师更牛。

/ 青年时代的开蒙

熊焰在哈工大读书的时候,几乎所有吃的穿的东西都是限量供给的。粮食每人每月28斤,学校给补贴到31斤。这其中有1斤大米,5斤白面,其余都是粗粮。看着好像不算少,但是在那个物质匮乏的年代,一切水果、零食和副食都没有,菜也很稀少,每顿饭只吃主食。男生那1斤大米和5斤白面的细粮票,只够吃两顿的。吃肉要用肉票,一毛三分钱一份熘肉片。当时哈工大食堂只有每周四中午供应大米饭,还有珍馐佳肴熘肉片。每到周四的上午最后一节课,师生们心照不宣,最后十分钟一般不讲重点内容,也不留作业,大家的心已经飞到了食堂。有时碰到了在这节课会拖堂的老师,最后十分钟也被哐当当的饭盆声淹没了。这次错过了,就只能等到下周了。在那个不知道火锅和撸串儿为何物的年月,香喷喷的大米饭加上肉片,能销万古愁。

熊焰所在的班级是师资班。校方通过师资班的形式培养专业教师,以尽快扭转因特殊时期导致的教师人才断层的局面。正因此,师资班的学生和授课教师都是优中选优。从大二开始,熊焰的学习成绩一直名列前茅,并且逐渐显现了教书育人的才能。他组建的"复习应考小组"俨然成为民间学界的小权威。熊焰的分析归纳总结能力和逻辑思维在大学期间得到了很好的锻炼。学有余力的他积极主动地参加学生工作,先是担任了系团总支的宣传部长,后来又担任系团总支副书记。在这一时期,熊焰逐渐显现出了策划、组织、协调、演讲、写作等方面的才能,他开始慢慢了解和熟悉学生工作、青年工作,作为学生干部参与和组织各类文体活动、政治学习。他的政治素养不断提高,领导才能得到了发挥和锻炼。最关键的是,熊焰逐渐变得阳光、积极、热情,干什么事儿都特别有激情。只要有个小想法、小创意、小思路,熊焰立刻就能被点燃。熊焰这颗小火苗,迟迟地到了二十多岁才真正开始燃烧。他所参与的学生活动丰富了他的认知,通过分析自己和身边同学的成长经历,他逐渐发现,青年人是一个国家的特殊群体,如何教育、引导、影响青年人,是一件关乎民族命运危亡的大事。当对一件事产生了兴趣时,他一定要打破砂锅研究到底。他到图书馆找历史书籍,从清末到新民主主义革命,一桩桩历史事件,一幕幕国家兴亡的历史画卷。在历史的转折点中,总有一些青年人站出来,把国家兴亡当成了自己的责任,甚至不顾个人安危,舍身成仁。孙中山27岁时上书直隶总督、北洋大臣李鸿章,提出"人能尽其才,地能尽其利,物能尽其用,货能畅其流"的改革主张;毛泽东26岁,在湖南创建共产主义组织;周恩来21岁,在五四运动中成为天津学生界的领导人;邓小平19岁,参加旅欧共青团支部工作,开启了他的革命生涯。先辈们在青年时代就已经开始思考国家民族大义,开始了为中华之崛起的奋斗历程。见贤思齐,每一个时代的青年都有自身需要肩负的责任和要达成的使命,自己是多么幸运能够来到哈工大读书,怎能够不建功立业,报效祖国,服务社会。熊焰越研究越感兴趣,越研究越熟练和专业。后来,他在学校搞了一次讲座——"太平天国与五四运动"。历史资料浩瀚,百家争鸣。熊焰没有照搬照抄,人云亦云,他查了大量的史料和数据,理出了自己的脉络。他不借助慷慨激昂的语调,也不用撕心裂肺的呼号,他的风格是娓娓道来,循循善诱,根据听众人群的特点设计问题,幽默诙谐,自成一派。熊焰讲座时正逢20世纪80年代初期,那时党的十一届三中全会的春风已吹遍全国,神州大地万物复苏,春暖花开。熊焰以史为鉴,谈古论今,宣讲党的十一届三中全会精神,谈青年人的理想和责任。哈工大人应当勇立于时代的潮头,扎根在祖国最需要的地方,建功立业。一席讲毕,熊焰自己都是心潮澎湃。逐渐,熊焰在校内小有名气。

时任哈工大团委书记郑兆基听了熊焰的讲座,顿感后生可畏,与团委副书记姜明商量,想把熊焰留在团委。郑兆基对姜明说,五系有个学生叫熊焰,理论水平很高,留下来做团委的工作应该不错。两人当即拍板,将熊焰留校。

1982年熊焰要毕业时,他的成绩已经稳居全班前三。除了校团委,当时熊焰还有三个选择。一是到北京,去航天部;二是留在黑龙江,到黑龙江日报社;三是到教研室留校任教。这三条路都非常不错,但在熊焰心目中,稍微有点儿"中规中矩"。拥有一个确定的、按部就班的未来,可能是很多人理想的生活,这也是社会有序发展的必然。科员、科长、副处长、处长;编辑、副主编、主编、总编;助教、讲师、副教授、教授。这些可能出现在熊焰人生规划中的职位职级职务,听起来似乎都不够让他沸腾。时年26岁的他,扪心自问——我究竟想要的是什么?这是很多人终身拷问自己的问题,熊焰一时间没有确定的答案。但他此时确定的是,他不希望自己的生命被框定,被贴上一个标签然后成为一类人,过着预期很稳定却波澜不惊的生活。他是一个愿意为了更高的预期而付出一定机会成本的人，一个具有小冒险精神的人。这三条路都非心中所愿，那姜明书记提出的留在校团委的工作就重新回到了他的思域中。

可共青团的工作是什么呢？熊焰在大学时参加了不少团委组织的活动，除了组织活动，团委还干些什么呢？熊焰的那次讲座——"太平天国与五四运动"无疑在理论上给了他极大的帮助。以史为鉴，求根溯源，五四运动正是新青年觉醒的开始。青年是社会的良心，他们在五四运动中展现出来的英勇无畏、不怕牺牲的精神永远鼓舞后世的青年为国家、为民族去奋斗。为了纪念在这场运动中英勇无畏的青年，1949年，中华人民共和国政务院正式宣布每年的5月4日是中国青年节。五四运动以后，新文化运动的主要内容转变为宣传马克思主义，自此马克思主义在中国广泛传播，这从思想上为中国共产党的诞生做了准备。改革开放以后，经济回春，思想解放，青年人看到了国家发展的希望，人才不再被禁锢，可以在一定范围内流动，青年人开始思考国家的发展和自身的命运。国内当时的青年问题很复杂，20世纪80年代初，知青大批返城，面临安置、就业、婚恋等一系列社会问题。高校虽是一片净土，但亦是社会之一斑。做好高校青年的工作，青年人走上社会后才能成功"放大样"。经过了一番在世界观领域的完善，熊焰倏地发现了青年工作的重要性。

此时，《约翰·克里斯朵夫》这部鸿篇巨著进入了熊焰的视野。在大三实习的阶段，熊焰在北京用了三周左右的时间，一气呵成，将这部130多万字的作品读完了。这是一本震撼心灵的小说，在罗曼·罗兰的笔下，活跃在各个角落里的小人物凭借着坚持的梦想和曲折孤独的奋斗成为大英雄。翻译家傅雷精彩绝伦又恰如其分的笔触，让这部作品熠熠生辉。主人公童年时期的境遇和心路历程，与熊焰颇有相似之处。熊焰在故事中读到了鲜活的人生，读到了自己，更读出了对自己人生的想象。英雄主义与自由不羁之灵魂糅合，让人心潮澎湃，激动振奋。如果人生的结局是确定的，那人生的过程就必须绚烂起来，这样才对得起为人一遭。熊焰试着去想象，如果有一天生命临近终点，他也许不会因为少赚了多少钱而感到懊悔，但或许会因为缺乏某种体验或经历而感到遗憾。

从个人的喜好上，熊焰觉得非常喜欢共青团的工作。喜欢就是有一种激情在里面，一谈到就很有灵感、很有热情，从构思到蓝图，一壶水很快就开了。20世纪80年代初的哈工大共青团，有太多的事业需要重整，从消化构思到行之有效的方案，百废待兴，急需人才。每一次团委老师找到熊焰，还没等布置具体工作，熊焰就觉得特别期待，感觉或许马上就会有特别有趣、特别梦幻和未知的事情发生。熊焰性格中热情、冲动、浓烈的一面，在共青团的工作中被激发了。

基于对青年之社会责任的理性思考以及发自肺腑的喜欢，熊焰决定留校，留校团委，干他最擅长、最喜欢的共青团宣传工作。

是的，擅长和喜欢。

> 听吧，战斗的号角发出警报[①]，
> 穿好军装拿起武器。
> 共青团员们集合起来踏上征途，
> 万众一心保卫国家。

---

① 共青团员之歌，伽里契作词，谢多伊作曲，创作于1947年。

一 "瓢"小诗

熊焰是个不大会细细咀嚼往事的人，他的生命在大学时代就进入了一条快速奔腾的河流，只能激流勇进，来不及停留和回首。他的思想和身躯同时踏入了这条赫拉克利特①之河，随那河水蜿蜒跌宕，有时扶摇直上，有时飞流直下。而从那时起，他的内心初融，似一团火，生机勃勃，往复燃烧，就像他的名字。大学时代的熊焰已然体味到这世界上的一切事物、一切境遇都处在永恒的变化之中，万物皆流，无物常驻。然而大学时代的记忆、思潮与那个激情燃烧的岁月片段揉碎在一起，那些年，那些人已经镌刻在他灵魂深处。无须回首，多少年都似在身边。

熊焰所在的77、78级学生中，有飞船总指挥、两院院士、航天集团老总、哈工大校长，商界翘楚、政界名士。他们中很多人都曾奋战在祖国建设的第一线，埋头耕耘，汗洒边疆。这些学子都因是哈工大的学生而骄傲，他们的内心对哈工大都有一种悠远绵长的热爱。

不用追忆过去的青春，
不必感叹易逝的时光。
当年我们在主楼前分手，
三十年栉风沐雨，
八千里地远天方。
生逢盛世，风云际会，
哈工大人要做共和国的脊梁。
无论是硕果摇曳还是生活清贫，

---

① 赫拉克利特，古希腊哲学家，朴素辩证法思想的代表人物，曾提出"人不能两次踏入同一条河流"。

  无论走向成功还是起伏跌宕，
  我们都真情相助，互相瞩望。
  因为我们拥有共同的文化基因，
  因为我们共享四年的纯真与梦想。
  卅年再回首，
  青涩褪尽，两鬓飞霜，
  最近的事情经常忘，
  而三十年前的"哈工大故事"，
  总在眼前，一幕幕，一桩桩。
  如烟往事皆淡去，难忘校园紫丁香。①

  如果时光能够倒回，熊焰愿取这如金子般流淌的岁月之一瓢饮，永远年轻，永远热泪盈眶。如果时光能够倒回，再重来一次高考，重新选择一回，哈尔滨工业大学依然是他的第一志愿，心头之最好。

---

① 节选自熊焰为77、78级校友毕业三十年聚会创作的散文诗《恋曲三十年》。

青春之歌

以青春之我,创建青春之家庭、青春之事业、青春之国家,谱一曲青春之歌。

有心栽花

每个人年轻时,都会很稀罕一种东西——爱情。

熊焰长得不错,人很聪明,性格阳光,生活态度积极,父母都是知识分子,知书达理,他当时在铁路有一份稳定的工作,前途无量。他的第一次恋爱就在这个时候发生了,对象是学生时代的女同学。

二人在各方面都挺般配,两个家庭也算门当户对。可是熊焰患有小儿麻痹后遗症,右臂肌肉萎缩一直没有治愈,女方的母亲非常介意这一点,极力反对。那个年代的爱情,虽然已经破除了父母之命、媒妁之言的"四旧[①]",但二人还是以分手告终。

虽说没到海誓山盟的地步,但这段感情让熊焰怅然若失,尤其它"中道崩殂"的原由令人相当不爽。但他并未极力挽回这段感情,不是他用情不深,而是他的自尊与骄傲瞬间塑成了一座堡垒。

人在旅途,总有一些事情是徒劳无功但又不可或缺的。

---

① 四旧,指"旧思想、旧文化、旧风俗、旧习惯"。

春 风 再 美

上了大学以后，熊焰每天坚持晨跑，在西大直街上，从学校大门口跑到黑龙江省博物馆，再折返回到学校。这样风雪无阻，直到1980年的春天。

改革开放后第一部爱情片《庐山恋》上映，影片通过两个年轻人在庐山相恋的故事表达了当时青年纯洁而含蓄的情感向往。这部影片出品时的宣传定位是风景抒情片，它将美好的庐山风景尽收眼底。尤为令人津津乐道的是影片中破天荒的吻戏。女主人公在男主人公脸颊轻轻一吻，惊得观众们久久不能平静。改革开放的春风已经吹到了社会生活的各个角落，人们的思想和情感发生着翻天覆地的变化。此时熊焰已经适应了大学生活，学习成绩扶摇直上，业余活动丰富多彩。奋斗的青春，充实而快乐。没有了对生存和前途的担忧，熊焰更能敞开心扉，睁开发现美的眼睛，去追求和接纳。那时，电影《女篮五号》重新放映，一时间再度掀起一阵热潮。在青年学生心目中，高大、俊美的女篮运动员形象深入人心。接着，中国女排在世界赛场上屡获佳绩，女排姑娘坚强勇敢、高挑俊朗的形象成了那个时代"女神"的标准。在学校里，高个子的女生成了男同学追求和倾慕的对象。熊焰的班级里一共28个人①，只有4个女生，年龄差距又比较大，在这个基础上能够相知相恋的概率就更小了。学校里，当时哈工大女篮成绩非常好，享誉东三省，但是女篮姑娘们相当的炙手可热，等到慢热的熊焰开始思考自己的人生大事之时，女篮姑娘们都已经交了男朋友。通过父母亲友介绍的对象，虽然条件般配，可往往没有"感觉"。"感觉"是个微妙的东西，它来与不来，全凭际遇。

1980年的春天，她来了。

一个周末的清晨，熊焰正往家走，路对向迎面走来一个高个子女孩，隔着一条马路，穿行在熙攘的人流与车流中，那高挑挺拔的身姿闪闪发亮。熊焰一眼就认出了这是他的中学同学——陈畅。熊焰心头一热，大声叫住了陈畅。他大步横穿过马路，穿过人流，越走近越觉得春风扑面而来。陈畅颇感意外，向前迎了迎，礼貌地同熊焰打招呼，明媚的眼神中闪耀着惊喜，矜持的问候中难掩雀跃。熊焰极力克制住自己的喜形于色，看似轻描淡写地聊了一些"哲学"上的终极问题——你从哪儿来？你到哪儿去？好久不见，怎么这么久不见？怎么今天正好遇见？你在哪里工作呢？你家在哪里？你明天去哪里？你最近要干什么……两个年轻人在大马路上从寒暄到叙旧，竟忘记了料峭春寒。陈畅的表情那么耐看，声音优雅得像一首诗歌。熊焰不知道自己说了什么，不知道将要说些什么，他只想让时间停住，因为他感到由里到外通透的快乐。

陈畅在铁路工作，担任会计。单位离家很远，她平时周末不休息，

---

① 入学时29人，中途1人退学。

一个月才能休一次,平日以厂为家,住在单位。而熊焰平日住校,鲜少回家。这次两人能够街头偶遇,实属巧合。爱情不用酝酿,在重逢的那一刻便开始了。

熊焰与陈畅分别后,青春像小鸟一样起飞了。一飞进家门,熊焰对母亲说:"妈,我见到我中学同学陈畅了,我觉得她不错!"此时天下母亲可能会有两种反应,第一是装听不懂,第二是刨根问底。熊焰的妈妈一听,立刻起身,抛下一句话:"我找你张阿姨[①]说去。"不到一个小时就回来了。出奇的顺利,两个妈妈达成一致,同意他们交往——开始以结婚为目的恋爱。

熊焰父母和陈畅父母都曾在铁路工作,彼此知根知底。陈畅家与熊焰家经历相似。陈畅的母亲非常喜欢熊焰,一听到熊焰母亲的提议,立刻就同意了。

其实这中间还有个小故事。

大约是五年前,熊焰中学刚毕业,有一天在路上看到七八个小青年抓着一个小男孩的胳膊,推推搡搡。在争执中,熊焰听出来这些人认为这个孩子是小偷,要送到派出所去。熊焰仔细一看,这个孩子正是他的同学陈畅的弟弟陈琦。虽然不知道前情,熊焰也确实不是这些人的对手,但是他还是不忍看着一帮人欺负一个孩子。熊焰站出来管闲事:"我认识这个孩子,你们要是去派出所的话,我要陪他一起去!"到了派出所,熊焰对民警说:"我对这个孩子很了解,如果不是误会就是诬陷,我是他姐姐的同学,请你给他的妈妈打电话,让他妈妈来。"直到陈琦的母亲来了,民警查实确实是诬陷,熊焰才离开派出所。这件事

[①] 张阿姨,陈畅的母亲。

后,陈畅的母亲对熊焰的印象极好。

但行好事,莫问前程。熊焰当时怎么会想到路见不平挺身而出维护的是自己未来的小舅子呢。

熊焰的母亲深知人生变幻莫测,在过去的动荡岁月,眼见多少家庭劳燕分飞。她对熊焰说:"将来万一我们家又生变故,你看陈畅有这样一位坚强勇敢、通情达理的母亲,她也错不了。不管发生什么,她都会跟在你身边,不离不弃。"儿子的婚姻大事,不单是要促成一桩喜事,母亲在选儿媳妇时考虑得十分长远。

陈畅的样貌,可不是一般的漂亮,没见过的人难以明了。她那浅笑沉着又温柔,让人一见倾心。可谓,有美人兮,见之不忘;一日不见兮,思之如狂。她是单位篮球队的主力队员,身材高挑,健美灵动。而这一切,陈畅并不自知,对前赴后继的追求者未曾动心,甚至未曾留意。她渴望稳定而专注的情感,安定的生活。与熊焰交往后,她倍感珍惜。外表的美,只能暂时取悦人的眼睛,引起一时的亢奋;至真至善之美,能够拨动人的情感,常驻人的心灵。因为家庭的原因,陈畅的少年时期在极度缺乏安全感的环境中度过。也正因此,陈畅养成了谨慎、稳健、缜密、细致的性格,而这与熊焰一点燃就沸腾的性格正好形成了互补。相似的成长经历让彼此懂得和珍惜,相似的家庭环境让两个家庭的结合非常顺畅。天时、地利、人和都占了,更难得两人情投意合。

在没有微信微博,没有寻呼机,没有电话和短信的时代,写信是沟通情感的唯一方式。从那时起,熊焰笔耕不辍,时而热情洋溢,时而沉默深沉,时而诗兴大发,时而人生悲秋,从少年相识谈到而今牵手,从现实谈到理想,从诗词歌赋谈到人生哲学……一封又一封专情浪漫的信,从哈工大飞到铁路牡图线宁安东站哈铁电修段。1980年岁末,恋爱中的熊焰为爱人写了一首散文诗。工科男笨拙又可爱的小灵感,迸发的很是时候。

第一首新诗
——新年之夜我在想

世界上的人,多得难以准确估量;但终身的伴侣,仅仅只有你最恰当。我和你走到了一起,奇妙又顺畅。

这样的远:大学生——工人,残疾者——运动健将;

这样的近:共同的遭遇,共同的理想,共同的志趣,共同的希望。

情投意合心相印,青梅竹马谊更长。我们没有父辈权势的优越感,孩提之时就饱受压抑和创伤;我们有用奋斗开辟边路的勇气,哪怕它违反上帝的思想!我们之间不需相互猜疑,无须戒备,更不须"捉迷藏"。两厢情愿,取长补短,互谅互助,爱情已化作前进的力量!紧紧地拥抱吧,让我们心脏紧贴着心脏;热烈的亲吻吧,让爱情的力量充满胸膛!让我们一起走我们的路吧,哪怕有高山在远方。

让我们携手努力,不再彷徨,

让我们共同奋斗,实现理想!

1980.12.31

陈畅母亲的支持成了两人感情升温的稳定器。但陈畅的父亲对熊焰小儿麻痹后遗症还是有些介怀的。关于这点,陈畅想得很清楚,她认准了熊焰这个人,她要接受这个人的不完美,况且这世上也找不到十全十美的人。父亲最终尊重了陈畅的选择。恋爱以后,熊焰的跑步路线有了变化，从西大直街上折返跑变成了绕着教化幼儿园①跑圈儿，陈畅家在这附近，这样可以跟陈畅一起锻炼。爱情真是奇妙的东西，让人不怕自讨苦吃，心甘情愿地舍近求远；让两个完全不同的个体，一瞬间发现了那么多共同的东西。他喜欢的，偏偏她也喜欢；她期待的，恰好也是他的期待。熊焰和陈畅有时会相约到太阳岛游玩。那时天总是很蓝，白云的样子很有趣，这朵像马克思，那朵像门捷列夫……面对着夕阳西下松花江上波光潋滟，二人一同高歌一曲《我爱你中国》，放松又愉快。当同学们发现熊焰又被天上掉的馅儿饼砸中了，找到了这么好的女朋友之时，羡慕、嫉妒、恨，几味杂陈。

  大三下学期，熊焰到北京实习，与陈畅小别，距离产生了更大的美感，二人书信往来，思想与情感的交流更加坦诚，对共同的理想、前途的思考更加深刻。也是在这个时期，两个不同的、鲜活的个体，逐渐琴瑟和鸣、水乳交融。

  星期三我到天安门去了。当汽车进入那宽阔的广场时，我多少有点儿激动了，只是有点儿而已，绝无心潮澎湃、热血沸腾之态。但是这点激动是真挚的，是一个普通的中国人对自己的国家、对自己的民族的朴素的爱。这里没有什么迷信，不含有对什么人的崇拜，而是对整个民族的自豪感。在这宽阔而壮美的广场上，我似乎看到我们古老的国家的力量所在，似乎看到我们国家的精神支撑，即国魂在太空中矗立，它顶天立地，横贯古今，继承五千年的古老文明，开创二十一世纪的新风。它的含义是丰实的，但最基本的几点似乎应该是勤劳、善良、豁达、勇敢

---

① 教化幼儿园，原哈尔滨铁路局哈尔滨生活管理服务中心教化幼儿园，位于哈尔滨市南岗区教化街。

和奋斗精神。

　　这几天北京的天气热起来了，晚间没事只好看小说。《约翰·克里斯多夫》写得太好了，我现在快要看完前两本了。它使我激动，使我痛苦，有时我不由得哭起来，旁边的同学感到莫名其妙。有时我为书中的主人公痛苦，真有痛心疾首之感。罗曼·罗兰用他的心血塑造了一个思想先进、才华横溢的音乐家的形象。他的感情的变化过程是作者下笔的脉络。我希望你尽快能看到这本书，它会让你更好地认识人生，特别是会使你全面地了解一个人，从思想深处去了解一个人。这方面在看短篇时往往是达不到的。主人公的变化，我这里主要指恋情上、生理上、心理上的变化，往往是很多有才华或者有点才气的比较聪明的男青年所经过或部分经过的。看了这本书，大概对你认识异性也是很有帮助的。当然这里还有很多民族差异、时代差异。

　　现在北京供应较好，西瓜、柿子、桃都下来了，真可惜你离的太远。我回去一定给你带点，好吗？

　　就此搁笔，望速回信！

　　我在梦中看见你了，昨天！

焰
1981.7.18

　　转眼间，熊焰大学毕业了。熊焰和陈畅水到渠成，谈婚论嫁。那个时候熊焰家已经从哈尔滨市南岗区上方街搬到了邮政街，家里有一间25平方米的住房，还有一间10平方米的厨房。那时没有商品房，普通老百姓都没什么钱，就算有钱也没处买。家家户户的住房基本靠祖传和单位分配。祖传这条路行不通，二人在各自单位资历尚浅，短时间不可能分到房子。这时熊焰的父母再度出马，他们一趟又一趟去找他们的老领导、老同事，争取落实政策。终于，在熊家隔壁争取到了一间25平方米的房子作为熊焰和陈畅的新房。那时商品经济不发达，适用的家具也没处买，每家有孩子结婚时基本都会在新房楼下的院子里占一块空地，请南方的木匠师傅来打家具。木匠在院子里"拉大锯、扯大锯"，锯末子飞舞得满院子皆是，仿佛在通知左邻右舍好事将近。熊焰家也找来了木匠师傅，精心打造了带镜子的大立柜、带玻璃推拉门的五斗橱，还有沙发，可以说是应有尽有了。婚房的墙上挂了一幅书法，寄托着父母对这对小夫妻的鞭策和期许——"业精于勤荒于嬉，行成于思毁于随。"

1982年10月1日，熊焰和陈畅结婚这一天，一家人拍了一张全家福。对生活的热爱和对细节的坚持，组成了生活的仪式感。

结婚以后，熊焰家逐渐形成了传统的男主外、女主内的家庭分工。从此，战士有了后盾，倦鸟有了归巢。陈畅是会计出身，很会精打细算，日子过得井井有条；而熊焰的理想主义情怀与不竭的想象力让这个小家蓬勃又有生气。后来，陈畅在熊焰的支持和鼓励下，在哈尔滨工业大学念了管理学院的专升本，也成了哈工大人。

> 我不愿做半途而废的人，我的人生信条之一就是要永远保持一股昂扬向上的精神，以自己的努力，使上帝的安排得到稍稍的改变，今天我的这种信念更加坚定了，因为我不仅是要对我自己负责，还要对你负责。①

---

① 选自熊焰1980年7月30日写给陈畅的信。

孤光一点萤

1982年,熊焰留校工作,职务是校团委宣传部长、校学生会副秘书长、学生社团工作指导老师,一名普通的团干部。当初决定留校之时,熊焰是豪情万丈,抱负满腔。共青团是党的后备军,为党的事业培养接班人,为共和国培养建设者,使命神圣,责任重大。具体到当时哈尔滨工业大学团委,哈工大主楼二楼西侧楼道里那个办公室,却是千头万绪,万马奔腾。对高校青年学生的培养,除第一课堂的专业知识学习以外,其余所有素质培养和能力养成均可纳入团委的工作——政策学习、推优入党、组织建设、社会实践、评奖评优、校园文化、科技发明、"两会[①]"指导、社团活动等。为党培养后备军这个目标很明确,但实操中非常宽泛,可用于实践的方法论很多,方法论创新的形式也很多,作为新人的熊焰,很快就扎到了共青团工作的一片汪洋火海之中,一半是海水,一半是火焰。

熊焰留校当年的10月30日,共青团哈尔滨工业大学第十次代表大会召开,全校1 000名团员代表出席大会。时任航天工业总公司教育司副

[①] 两会,指全校各级学生会、研究会。

司长张力群、时任共青团黑龙江省委副书记孙中国出席会议并做重要讲话。时任校党委副书记彭云以《共青团应该如何做好党的可靠助手和后备军，全面开创哈尔滨工业大学的新局面》为题做重要讲话。校团委副书记姜明做题为《高举共产主义旗帜，做全面开创局面的又红又专的革命接班人》的报告。大会选举产生了共青团哈尔滨工业大学第十届委员会。10月31日，共青团哈尔滨工业大学第十届委员会召开了第一次全体会议。时任校党委副书记的袁礼周同志出席会议并做重要讲话。会议选举于德斌、王彩琴、朱伯华、刘晶珠、杜松岩、吴绍春、张陆洋、项银康、姜明、熊焰10人为常委，选举姜明为书记，选举朱伯华、吴绍春、项银康、杜松岩为副书记。

1982年11月，哈尔滨工业大学杰出校友61级动力机械系涡轮机专业王兆国出任团中央第一书记。当年12月，哈工大8163班学生陈海军赴北京出席共青团第十一次全国代表大会，会议期间受到王兆国校友亲切会见。消息传回学校，全体师生都感到自豪和振奋。这种表率作用和榜样的力量是巨大的，给哈工大的团干部们带来很大的信心和鼓舞，团干部的职业前景更是被校内外及社会各界看好。正因如此，当时哈工大的团委全体成员必须上下一心，借改革开放的东风，竭尽所能，夯实基础，建功立业，把哈工大共青团的工作推向一个崭新的高度。

年轻的熊焰，对自己下达了严格的要求，务必把职责之内的每项工作做细，做好，做到极致。甚至，熊焰要求自己，对领导和上级部门交代的每一项工作，无论大事小情，不管分内分外，自己交出的答卷必须要高于对方的期许。这也许就是青年团干部熊焰心中的"规格严格，功夫到家"[①]吧。

与他同龄的学生们此时已经开始称呼他为"熊老师"。老师这个

---

① "规格严格，功夫到家"是哈尔滨工业大学的校训。

称呼,熊焰很是喜欢,他喜欢把自己对事物的理解分享给他人听,如果有人因他的指导而解决了问题或取得了进步,熊焰会感到很快乐。那种快乐,不必他人言谢,自然生成,舒爽于心。熊焰带领学生们在校园内外风风火火搞团的活动——拉条幅、写标语、办讲座、打比赛、演节目……即使在办公室里,也是一群学生围着他,讲策划,理分工,写新闻,谈心得……有时学生们把他里三层外三层围得水泄不通,同事们进了办公室只觉得人声鼎沸,却难见熊焰其人。逐渐地,团委这位年轻帅气的熊老师成了学生心目中的偶像,熊老师搞的每一个活动都很有想象力,参与度高,反响很热烈。学生们爱追随他,跟他一起加班熬夜赶工,一同分享每个小成功后的满足与自豪。

那些年,熊焰几乎是长在了单位,赶上大的任务到来之时,要昼夜连续加班十几天甚至一个月。他全情地投入,忘我地工作,没有疲倦,只有用之不竭的新方案、新思路,他被想要去实践自己新的小构想的欲望驱赶着前行。每天早上叫醒他的不是闹钟也不是梦想,而是真挚纯粹的热爱。

某个11月的深夜,熊焰加班结束要往家走,一出主楼,猛然发现校园已然银装素裹。原来他"躲进小楼成一统",初雪到来竟浑然不知。校园里出奇的清凉,熊焰脚踩在蓬松的雪上,发出嘎吱嘎吱的响声。朗月当空,凉风习习,完成了工作的心情轻松自在。一切纷繁世俗、一切疲劳困乏统统化为乌有,他要享受这一刻的悠然自在。

> 月黑见渔灯,孤光一点萤。微微风簇浪,散作满河星。
> ——查慎行《舟夜书所见》

第 一 象 限

人的一生有很多第一次值得回味，第一次公开演讲、第一次出国旅行、第一次生病住院、第一次爱过的人、第一次说过的谎、第一次挨过的揍……熊焰第一次拿到工资，这件不大不小的事儿，却也记忆犹新。当时熊焰的薪资是53元，在20世纪80年代初的哈尔滨，已经算相当不错了。那时尚未普及银行账户，也没有银行卡，现金收支是大众货币流通唯一手段。每个月，团委负责办公室日常工作的大姐到财务科领取所有人的工资和工资条，每人一个信封。大姐回到单位再转发给每个人。熊焰领到了属于自己的信封，当时比较忙乱，没有细看，回到家后交给了母亲。母亲打开了信封，对照工资条，发现少了10元钱，这可是一笔不小的损失。母亲问熊焰，熊焰也不知道。工资被扣掉了20%，围绕这件大事儿，家人展开了分析。熊焰想也许是自己或者办公室大姐不小心弄丢了，或者财务算错了。此时熊焰的父亲说，会不会是你们单位有什么规矩你不知道的，比如新人要扣一部分工资给单位。熊焰想想，应该不至于吧，还从未听说有这等规矩。父亲经历的事情比较多，嘿嘿一笑，你不知道吧,这社会上规矩多着嘞。熊焰说,要不我明天去单位问问得了,别瞎猜了。这时母亲却说,这种事儿,可千万不能问哪!

第二天到了团委,还没等熊焰开口,管发工资的大姐突然在办公室里大喊一声:"我这儿咋有十块钱?你们谁的工资少了?"熊焰一听,赶紧应和:"我!"大姐看了一眼熊焰,反问道:"你咋不早说?!"熊焰心想,你也没问我,我哪知道是你弄差了。这十块钱巨款终于完璧归赵,拿回家后,父母也终于相信,哈工大是没有那种所谓"规矩"的。

熊焰踏实肯干、吃苦耐劳,各项工作开展得有声有色,逐渐地,群众基础越来越好,也越来越得到领导的赏识、同事的认可。

1982年12月,共青团中央召开了第十一次全国代表大会,动员全团和全国青年响应党的召唤,积极投身改革开放和社会主义现代化建设的伟大实践,当好改革开放事业的排头兵。

排头兵就是在队伍前面冲锋陷阵,打开局面,扫清障碍,率先提供前进方向的先行者。先行者往往是孤独的。熊焰渐渐发现,他永远是忙的。每每忙完上一段工作后,还没等喘息,就又要忙下一段了。哈工大团委的工作就是这样,来的任务永远都在四象限法则(四象限法则,时间管理理论的重要观点。将事件分为重要紧急、重要不紧急、紧急不重要、不重要不紧急。)图中的第一象限,既重要又紧急。作为一个入职不久的团干部,只得埋头苦干,这就很容易卷进洪荒而来如山倒的各项工作中不能自拔。除了专项工作,还有大量重复、反复的事务性工作,临时突发的棘手事件……这一时期的熊焰感到自己的个人生活空间被极度压缩,很难兼顾家庭、学业,甚至没有时间静下心来思考和复盘已经做过的工作和工作中出现的问题。这一时期,妻子陈畅给了他很大的支持。她认同熊焰的追求与选择，对于熊焰早出晚归，三过家门而不入的状态表示理解。家庭中大大小小的事务都由陈畅来处理，尽量不占用熊焰的时间。有时熊焰晚上去参加学生活动，陈畅不忙时就跟着去，有时帮忙，有时当观众。精神上和行动上的双重支持让熊焰有如神助。

当熊焰思索自己的工作和方向的时候，他发现应当感谢这个时代——身边所有的同事都那么认真、执着，甘洒热血写青春。纵观中华历史五千年，大师往往都云集在同一个时期——先秦诸子百家为代表的东方古典哲学爆发期；李白、杜甫、白居易、李商隐、孟浩然等为代表的盛唐文化大繁荣时期；胡适、陈独秀、鲁迅、李大钊为代表的新文化革命时期……特殊的历史时期成就了这些名家，生活在同一时代的这些大家相互影响、相互竞争，彼此成就。在最不缺乏实干精神的哈工大人之中，如果与身边的人同时出发，付出相同的努力，在越优秀的团队中就越难出类拔萃。想在个人的成长中取得进步，除了出发更早、飞得更勤以外，还要有大的事业观和大的格局。熊焰在思索，我每天忙活这些工作究竟是为了什么，为了每个月53元钱的工资？当然不是这样。如果把每一分付出都物化到金钱报酬上，那每天忙活的一切都没了意义。熊焰有个朴素的理想，为四个现代化建设添砖加瓦，更确切地说，让自己的工作成果应用到祖国的建设发展之中。他培养的每一个学生，他组织的每一场学生活动，他写的每一篇宣传稿件，都要朝着这个目标推进。

如果只是头拱地的工作，不抬头看看国家的发展、看看国际形势的变幻，那么自己的工作是没有延展性和持续性的；如果永远把自己定位在团委干事的身份去应付领导的差事，那可能永远在这个职位上盘旋。作为团委刚入职的一名小干事，熊焰要求自己用校团委书记的目光去看待全校的共青团的工作。自己分管的团的宣传工作，要去跟全国高校共青团的宣传工作对标,甚至要看看国外青年工作的宣传方式,而不是只跟办公室里的同事去论长短。除了坚定地落实学校党委和团省委的各项方针政策,他还会去看团中央的文件、指示,看《光明日报》《人民日报》《中国青年报》上的社评,要紧跟党和国家的脉搏,把党和国家的政策转化成青年人熟悉的语言,春风化雨一般播撒到青年人的心田。

如果你发自肺腑地热爱,全情地投入,对成功梦寐以求,那么当你遇到困难、混沌、挫折之时,就不会找借口去推脱,而是会想尽办法去攻克、解决、突破。只要你热爱,就一定能用创新的方法论去解决一切现实问题。

问征夫以前路,恨晨光之熹微。

晨 光 熹 微

1983年7月20日，熊焰和陈畅的女儿出生了。看到孩子的那一瞬间，熊焰觉得很奇妙，襁褓中这个红红皱皱的小猴子竟然是我的孩子。孩子生在凌晨四点，黎明破晓之时。熊焰问父亲，父亲说，生在这样好时候，就叫晓光吧，熊焰觉得不错。忙活一夜，把陈畅母女安排妥当后，熊焰从铁路医院出来。走在盛夏清晨依然微凉的归家路上，熊焰抬头看迎面而来的柳梢间隙，微微点点圆形的晨光闪耀斑驳。爱人姓陈，取个谐音，就叫熊晨光吧。他越想越觉得好，而今，他已经是父亲了。

光光出生时，熊焰26岁。父母孕育熊焰和姐姐时，大抵也是这个年纪。看着孩子一天一天长大，那小模样跟她奶奶有几分相像，这是令人快慰的家族基因传递过程。感念之时，不免有些小惭愧。熊焰的爷爷熊伯鹏在这个年纪已然经营家族生意小有成绩，经历变故后又毅然弃商从文，走上了檄文革命的道路；父亲熊敬威在这个年纪业已学有所成，被单位委以重用，参与到新中国的恢复建设之中。自己生在和平年代，又乘着改革开放的大好时机，却尚未青出于蓝。没有孩子时，仿佛自己就是孩子，天很蓝，日子很慢；有了孩子之后，熊焰必须要成为更好的自己，这样才能如祖辈、父辈那样身先垂范、言传身教。

不能白白辜负了这个时代。

我的一九八四

在1984年的春节晚会上,香港歌手张明敏一曲《我的中国心》传达了深沉又浓烈的爱国热情,时值中英谈判进入关键阶段,歌曲引起了人们强烈的共鸣。

这一年,在北京中关村,中科院研究员柳传志成立了一个只有11个人的"国有企业",没什么可运作的项目,开始了在计算所旁边摆摊卖电子表、旱冰鞋、运动裤等统称为"摸着石头过河"的探索。细细查究,1984年很耐人寻味,在中国企业史上,很多日后名噪一时的公司都诞生在这一年。

在冷战的阴云下,中国健儿出征洛杉矶奥运会,斩获15枚金牌,位列奖牌榜第四位,称得上是扬眉吐气。这一年还有一个中国体育运动史上空前(不知道能不能绝后)经典赛事,在印度尼赫鲁金杯赛上,中国足球队以1∶0战胜了世界强队阿根廷队,随后又夺得亚洲足球锦标赛亚军。

在国庆35周年阅兵仪式上,学生方队经过天安门时,一个"小平您好"的横幅突然展开，大学生们用自己独特的方式表达了对改革开放总设计师的敬意。这一个小小的举动，足见当时学生的思潮多么开放浪漫又信马由缰。当代有一部分高校思政工作者有时有某种臆想——过去的学生啥也不懂，好管，现在的学生跟过去不一样了，完全看不懂，不好管了。而事实完全不是这样，每一代青年身上都有显著的时代烙印，尊重他们，欣赏他们，才能激励他们，进而团结和凝聚他们，发挥他们之所长。关于这一点，参加工作两年的熊焰已经有了非常成熟的思考。

╱ 思政之小径

20世纪80年代前叶，民众对新鲜事物的接触和接受程度几乎是同步的，商品经济、开放搞活、外资公司……这些新鲜事儿和新鲜词儿大家都是第一回听说。熊焰有意地在工作中锻炼自己的接受度和包容性，很愿意去倾听学生们的想法和建议，在工作中，很多创新的思维方式甚至是从学生那里得到的灵感和启发。那时熊焰就确信，他的学生，将来一定是要比他出色的，无论是在世俗成功学意义上还是人生更广的维度上。虽然他自己也并没有年长多少，但仍对后辈怀有尊重之心。他尽量给优秀的学生、后辈们提供更多的锻炼平台和展示机会，从不因学生称自己一声"熊老师"而拿腔端架。弟子不必不如师，师不必贤于弟子，尤其青年学生的知识迭代速度特别快，熊焰在繁忙琐碎的工作中，不断学习，不断加深认识水平，让自己成长，让身边的人信服。

熊焰在这一时期开始了对学生思想动态的相关研究，从日常接触层面上升到了系统研究，并开始在理论层面总结自己的实践成果。这一年，熊焰发现学生们要求办社团的呼声越来越高。在过去一年，校内学生社团数量翻了六倍，社团成员占在校生总数的三分之一。但社团发展水平良莠不齐，有的得到了学校的官方认可，组织的活动像模像样。有的自己私下结社，有兴趣就玩儿在一起，不拘泥形式，松松散散，今天有明天无。针对这种情况，如何引导，如何提高管理水平这是分管社团工作的熊焰需要解决的。熊焰研究发现，在1966年以前，哈工大学生社团是十分活跃的，数量、质量均在全国占优。恢复高考后，在大学生中出现了一股刻苦学习的热潮。大批有志青年在重新获得学习机会后，恨不得一夜之间掌握全部知识。他们以陈景润为榜样，几乎每天都学习十几个小时，许多人甚至占用睡眠时间学习。一时间，活动减少了，文体娱乐时间没有了，连课外书籍都无暇顾及。到1983年以前，学生社团全校只有3个。随后，熊焰开始了广泛的调研，他借鉴其他高校的经验，与社团学生座谈，参与社团活动。学生们过去埋头苦学、不问世事的情况显然是不对的，知识面只会越来越窄，政治素质、身体素质只会越来越差。作为20世纪80年代的大学生，要有现代科学知识，更要有高度的社会责任感；要有为人民服务的本领，更要有健康的体魄；要通晓自己的专业，更要掌握与专业有关的各方面的知识。同样的，这一时期青年学生迫切希望全面发展。大学生的思想发生了变化，他们开始羡慕多才多艺的人，希望自己在专业之外再具有几种特长。过去一心钻研专业的人是他们心目中的英雄，到了20世纪80年代中叶，那些只知道学习，不会生活，不会娱乐，没有特长的人不再被大家羡慕了。在这样的历史背景和观念的共同作用下，一些知识性、娱乐性的社团应运而生。比如，集邮协会、桥牌协会、围棋协会、书画社、摄影协会等。

学生社团一般具有一定的组织形式和纪律要求。其中涌现的核心人物往往在社团中起重要作用，他们兴趣高、热情大、活动能量也不小，在没有经费或缺少经费的情况下，也能把活动搞得有声有色。并且，绝大多数社团的活动内容积极，形式多彩，组织得当，影响正面。研究至此，熊焰在这些学生社团负责人、社长的身上看到了闪耀的光辉，甚至产生了敬畏的情愫——如此艰难的条件，仍能保有如此的热情，实属不易。角色互换，自己恐怕都做不到。当我们再回想大学时代的学生社团骨干时，可以发现，在他们身上一定程度地蕴含着日后成为创业者的素养。在那个尚不知"创业"为何物的年代，熊焰看到了这一批敢折腾，能折腾，经得起折腾的青年，竭尽所能因材施教。

有一些社团由于指导不力，或者活动开展不起来，或者影响课堂学习，有的社团活动甚至成了传播小道消息、发泄不满情绪的场所。不加以引导和管理，如果出现问题，作为指导老师难辞其咎。经熊焰深入分析，这一时期的大学生，表现自我的欲望、社交的需求、从众心理和探索心理都需要以适当的方式在适当的场合得以实现。学生社团可以为他们调节情绪，丰富生活，增长知识，培养能力，锻炼才干，提高觉悟，陶冶情操。所以，必须给予学生社团以正确的引导，让社团健康发展，发挥作用。可参加社团的学生，并不一定愿意接受引导。他们因为兴趣爱好凝聚在一起，同学们对老师、党团组织的刚需不高，甚至觉得不来管他们最好。针对这种情况，熊焰决定，首先要帮助社团解决困难，为社团提供必要的经费和活动场地，帮助社团聘请思想过硬、作风正派、业务水平高的指导老师或顾问。选好社团负责人,那些有精力、有能力、有热情的学生应当在社团中发挥更多的作用,作为指导教师应当关心他们政治上的进步,帮助他们正确处理好学习和社团活动之间的关系。熊焰花了很大的精力去做这些事儿,并把所学所思形成了思政工作研究成果,发表在学术期刊上。

熊焰想做成的事儿,总能找到办法。拨开迷雾,那条小径清晰明了。

／ 同志且友

留校工作的第三年,熊焰已然锋芒初露,逐渐得到了学校领导的赏识,成为哈工大团干部群体的中坚力量。包括熊焰在内,哈工大团委同时期的团干部均非等闲之辈,其中的股肱之将曾经被誉为"八大金刚"。这一年,他与哈工大团委的同志们一同奔赴共青团战线上红红火火的改革开放大潮之中。

团干部是个特殊群体,他们年轻,有精力,有热情。团干部之间有着特殊的情谊,这种情谊与同学情谊、战友情谊相似,但又不尽相同。共青团工作五彩缤纷,没有套路可以遵循,没有模板可以照搬,这就给了这群年轻人大展拳脚的舞台。然而,团组织不是业务部门,工作内容相对务虚,在同级行政单位中话语权较少,只能别人安排团干部干活儿,团干部没法支配和调动更多的资源,年轻的大家只能抱团摸索、共同努力、互相帮衬,把工作从无干到有、从好干到更好。在青春飞扬,人生尚未定型的岁月,他们共同追求崇高的事业,共同经历人生的起伏,共同分享成功的喜悦,共同品尝失败的苦涩……那些共同摸爬滚打的岁月和共同的经历,叫作"团情"。

共青团的同志们,多年后再回首年轻时一穷二白的奋斗时光,无不感慨岁月的馈赠,感恩同志们的情谊。《礼记》曰:"同门曰朋,同志曰友。"团干部互称同志,就是为了同一个理想共同奋斗过的最真挚的朋友。幸运的是,这一时期的哈工大团委,全体同志众志成城,无坚不摧,所向披靡。

积步千里,积流成河。1984年10月17日,哈尔滨工业大学团委被共青团中央授予"全国先进团委"荣誉称号。当时受表彰的团组织全国仅有11个,哈工大团委是获此殊荣的全国唯一一个高等学校团组织。得此消息后,全校振奋。这是哈工大思想政治工作的一个缩影,是继承了李昌、彭云等老领导传承下来的好传统长期积淀的结果,是学校历届各级党政领导重视和支持的结果,是各方面通力协作的结果,当然也是共青团干部和全体团员青年辛勤努力的结果。

熊焰和他的同志们,从内心觉得这个荣誉实至名归。学校当年要出一本宣传册,哈工大团委同名震国内高校的哈工大伙食科[①]共同入选到"榜样"这个栏目中。为了出这本彩色宣传册,团委全体10名同志特意到主楼楼下的花坛旁边摆拍了一张合影。熊焰特意穿了一身灰色中山装,正儿八经地用"五指挠子"理了理头发。同志们一致认为,共青团的氛围就是青春、热情、朝气蓬勃,所以应当拍一张不落俗套、别具一格的照片。他们没有采用领导前排居中的排位,而是尽量随意。熊焰虽说站在第二排,但第一排的同志们采用的是坐姿,4位同志坐在花坛边

---

① 1984年,哈工大伙食科获得航天部先进单位、黑龙江省先进单位。

儿上，中间正好有个空位，熊焰在后排中间的位置，只有他全身都拍出来了。他左手搭着旁边同志的肩膀，右手挂着前排同事的肩膀，脚踩在花坛上，妥妥的C位。其他同志，为了配合仿佛是在"漫不经心"的情境中拍摄的这个设定，有的看镜头，有的望向天空，有的微笑，有的严肃，有的叉腰，有的插手。熊焰站得挺拔，一种难以抑制的兴奋从他嘴咧到耳根子的笑容中足见昭昭。太阳光很足，大家很难睁开眼睛，配合剧情的需要做出各种姿态实属不易。

当熊焰的亲戚朋友们看到这张照片时，第一反应都是——你怎么站到中间去了，咋不让你们领导站到中间……领导那是谦让，你还真敢站到中间去啊。陈畅说："你站在中间也就算了，看你那不可一世的姿势，手脚都不知道往哪儿放了，太嘚瑟了。"每当听到如此的劝诫，熊焰不去辩驳，但内心会短暂地升腾出一点点自豪，同志之间的美妙情谊，不足为外人道也。客观说，这张照片摆拍痕迹还是很重的，嬉笑中夹着谦谨和扭捏，但大家脸上荣耀一刻的光芒鲜艳炽烈。

这一届团委至今仍是后辈的丰碑。熊焰愿意一生把自己的名字和他们写在一起。

> 人的一生只有一次青春。现在，青春是用来奋斗的；将来，青春是用来回忆的。①

---

① 出自2013年5月4日习近平总书记同各界青年代表座谈时的讲话。

奋斗终身

1984年，还有一件大事儿——熊焰入党了。

实际上，熊焰在大二时就递交了入党申请书。那个时候的熊焰，懵懂、纯粹，他和身边很多人一样，对党和国家的前途充满信心，期待着能在四化建设和改革开放事业中建功立业，十分渴望成为党组织光荣的一分子。所以，老师让交入党申请书时他立刻就交了。那时学校党委对党员入口处的审查十分严格，名额有限，大学四年，一个班级就只有一个名额。熊焰自己也非常清楚，在革命战争年代，想要入党，要在战场立功，抛头颅洒热血；在和平年代，想要入党必须是表现最优秀的那个。熊焰所在的7850班发展的唯一一名党员是班里的老大姐孙旭，据说当时已经递交入党申请书14年了。显然，自己与党组织的要求还是有很大差距的。

虽然没能在学生时代加入党组织，但熊焰一直没有气馁。共青团是为党培养后备人才的组织，他内心十分清楚自己将走上一条什么样的道路。他坚信自己是最优秀的，最优秀的自己应该努力加入到最优秀的组织；有优秀的前辈做榜样，他希望自己也能在政治道路上有一番抱负和作为，在政治上逐渐成熟的熊焰发现条条道路都有一个共同的指引——加入中国共产党！他的耳边有一个声音在召唤着他，提醒着他，要向党组织靠拢，要用党员的标准去要求自己。

秋去春来，熊焰经受住了考验，思想认识上积极深刻，工作上出类拔萃，生活作风正派，领导和同事们赞不绝口，深受学生们的喜爱。一切条件成熟，熊焰面对着鲜艳的党旗，庄严地举起右手。

雄壮的《国际歌》响起，他认真坚定。他明白自己此生选择的道路和立场，要坚定不移地，头也不回地走下去。

我志愿加入中国共产党，
拥护党的纲领，遵守党的章程，
履行党员义务，执行党的决定，
严守党的纪律，保守党的秘密，
对党忠诚，积极工作，
为共产主义奋斗终身，
随时准备为党和人民牺牲一切，永不叛党。

铮铮誓词，字字如锥。唯有用行动去兑现这誓言。

1984年12月19日，中国政府与英国正式签署《中华人民共和国政府和大不列颠及北爱尔兰联合王国政府关于香港问题的联合声明》，中国政府将于1997年7月1日对香港恢复行使主权。

1997年，听起来很遥远……

一 团 火

/ 抟 扶 摇

熊焰的"仕途",在他人看来很顺利,顺利到令人嫉妒的地步。而那时熊焰并不知道自己将来的命运几何,像大多数哈工大人一样,他勤恳如老黄牛,一寸一寸地耕耘。团的工作,在外行人看来大多数热热闹闹轰轰烈烈,就是带着学生们玩儿嘛,仿佛没什么急难险重。但身处其中的熊焰是知晓的,工作上想做出一点点成绩要付出多大的心力。任务来时如山倒,但却没有一个固定的标准去衡量任务完成的效果。团干部们没有固定的KPI(关键绩效指标),他们有时像救火队员,扑上去,撤回来,几个来回,循环往复;仿佛火中取栗、水中捞月;时而如履薄冰、如坐针毡。能够总结和衡量一个团干部的,也许只有他人和自己内心的感觉。这种感觉并非一朝一夕,且自在人心。好高骛远,得陇望蜀,只能徒增烦恼,熊焰坚信,把眼前的工作做到极致,下一步的美景自然而来。

1985年9月，中国共产党召开全国代表会议，为全国人民确定了在第七个五年计划期间国家经济和社会发展的战略方针和主要政策措施，提出了经济改革的设想和步骤，向全国人民展示了未来五年经济和社会发展的蓝图。共青团在当年11月召开了团的全国代表会议，通过了《关于动员和带领全国各族青年在"七五"期间建功立业、做四有新人的决议》，号召全国各族青年高举改革旗帜，创四化大业，做四有新人，为全面完成"七五"计划的各项任务而英勇奋斗。

　　工作几年的熊焰，已经开始成熟了。从最初的点个火苗就燃烧、一激动就沸腾的新人，到现在接到新的政策和号召后首先思考来龙去脉，然后从自身角度、从组织角度找方法论的成手。熊焰一旦开始思考某件事儿，他的思维空间便很快打开，从一个题目可以扩展到很多相关领域，有时他会连续思索很久，直到知识储备不够导致脉络断开。此时熊焰意识到自己的短板，既然从事思政教育工作，就不能浅尝辄止，想要在岗位上发挥更大的作用，需要继续学习来不断强化自己。

　　他整理自己的所学所思，求教社科部彭瑞玲老师，在彭瑞玲的指导下，在杂志上发表了《教育与经济社会发展战略》[1]，将党的十二大以来的教育改革政策做了梳理和研究，深刻地探讨了国民教育的功能，提出了应"提高教育投资的经济效益"等观点。这是熊焰在思想上从"独善其身"到"兼济天下"的转变。在这一时期，熊焰发现了经济学、管理学等软科学在改革前进道路上的应用非常广泛，而自身的发展也受到这方面的掣肘。

　　1985年8月，熊焰师从尹缙瑞教授、彭瑞玲教授，在哈工大管理学

---

[1] 彭瑞玲，熊焰，《黑龙江高教研究》，1984年，第2期。

院管理工程专业开始了自己的研究生生涯。熊焰拥有很好的工科基础，很快找到了研究方向，第一年就开始了在当时还比较冷门的工业机器人产业化方向的研究。陆续发表《关于工业机器人经济效益的评价》[1]《中国机器人产业若干问题探讨》[2]《机器人工业的三种趋势》[3]《日本等四国政府有关机器人制造和使用的部分政策》[4]等文章。熊焰在这一时期接触到了马克思主义政治经济学和西方经济学，心中由来已久的经世济民情怀在这里找到了出路。从古老的重农学派和重商主义，到亚当·斯密批判的集大成——古典经济学，到大卫·李嘉图成为古典经济学的完成者，再到马克思《资本论》这一重要分支……假设与现实交互演进的经济学理论和始终处于争鸣状态的经济史，极大地丰富了熊焰的认知，拓宽了他看待世界的维度。在知其所以然的过程中，熊焰读懂了很多世间的道理。他时常问自己，能够在何种程度上填补国家、社会的哪部分稀缺，如何能够被国家和社会需要。熊焰很善于在浩瀚的典籍和纷繁复杂的词条中归纳总结探寻出一条路径——用来解决现实问题的路径，此时的学习为他未来事业的发展埋下了重要伏笔。

一个人在求学期间，也许会遇到某位长辈或者过来人说某个知识或者某项技能只要用来应付考试就行了，不必认真研修，将来一辈子都用不到。显然，熊焰在年轻的时候就识破了这个骗局。他将经济学原理融入生活，活学活用，总结出自己的一套感悟，并又一次发挥他的教学才能，在研究生学习期间为本科生开了一门《西方经济学》课程。

熊焰做事总是看起来毫不费力。

---

[1] 孔令安，熊焰，《技术经济》，1986年，第1期。
[2] 彭瑞玲，熊焰，何明生，《机器人》，1987年，第9期。
[3] 熊焰，《机器人》，1988年，第2期。
[4] 熊焰，《机器人》，1988年，第3期。

1986年5月3—5日，共青团哈尔滨工业大学第十一次代表大会召开，参加会议的正式代表共有1 118名。这次大会是在全国人民意气风发地跨入"七五计划"的新时期，在五四运动67周年到来之际召开的。学校党政领导姜以宏、杨士勤、卢振环、强文义、王魁业、宋振文等参加了开幕式。老校长高铁应邀到会并讲话。团省委副书记张国柱应邀讲话。学校党委副书记卢振环在大会上讲话。团委书记吴绍春在会上做了题为《团结奋斗，继往开来，创新求实，把共青团办成培养四有新人的大学校》的工作报告。会议选举产生共青团哈尔滨工业大学第十一届委员会，选举吴绍春、张凤淼、姜波、项银康、徐众信、陶庆华、惠晓峰、熊焰为常委，选举吴绍春为团委书记，熊焰、惠晓峰为团委副书记。

1987年7月23日，学校党委任命熊焰为学生工作部副部长（副处级），主持校团委工作。

1988年2月5日，共青团中央授予哈尔滨工业大学团委"社会实践先进团委"称号。

1988年11月19日，学校党委任命熊焰为校团委书记（正处级）。

1991年，熊焰35岁，被破格提为副教授。是当年政工方向被评为副教授的唯一一人，是学校机关里最年轻的副教授。同年，熊焰成为哈工大校党委委员。

星火已燃，成了气候，扶摇直上，烈焰熊熊，其势已不可挡。

/ 人　后

每上升到一个新的工作阶段，必然要承担更大的责任，面临更加繁重的工作、更为多元和复杂的人际交往，处理更多需要平衡和协调的人和事。工作永远是千头万绪，既要有平地一声雷的震感，又要耐着性子细细琢磨。一个不小心，千头万绪没理出来，就变成了一团乱麻。熊焰在这一时期，除了高强度工作，还面临着研究生毕业；同时，他还是一个学龄前儿童的父亲，妻子的丈夫，父母的儿子……这是各行各业青年骨干在追求进步之时所必然面临的情境。

写论文，作为研究生毕业的标准操作步骤，熊焰进行得有点儿艰难。写论文是个归纳思路、总结成果的过程，需要学生在一定的时间内保持一个稳定的连续的思维和情绪。想要做出优秀的论文，务必得像习武之人闭关一般，隔绝外界的繁杂，保持单纯、专一的心态。而熊焰的工作状态根本无法为他的论文写作提供土壤。在夜深人静之时酝酿出一个支撑论据，放在那里，第二天轰轰烈烈上一天班，晚上再来到这个位置，完全忘记了昨天为什么要放这些数据、这些词条……哈工大的毕业标准是很高的，硬杠就在那里，无论你全职学习还是在职学习，是处级干部还是平头百姓。老师、同学、领导、同事，下属、学生、亲戚、朋友，凡是知道他"双肩挑"的，遇到他都要关心地问一句，研究进程如何了，论文准备得咋样了。随着时间的推移，熊焰的压力越来越大。

熊焰是全校最年轻的处级干部，一颗冉冉升起的政治新星，一定程度的话题人物。这中间不乏有些人在看笑话，想看看一向顺风顺水的熊焰能不能过了论文答辩这关，想看看学校会不会对领导干部在职取得学位"网开一面"。在这种看似众望所归，实则四面楚歌的情况下，不容熊焰有任何错失。况且，这种边工边读的"困难模式"是他自己所选，他只得破釜沉舟，排除万难，将革命进行到底。一个寒假，当熊焰把自己锁在一公寓的一个学生宿舍里,所有材料准备妥当要开工之前,突然意识到这场景多么熟悉。原以为考上大学后可以高枕无忧了,原以为本科毕业后可以不用再应付考试……过去的一切,在新的人生阶段中都被归零了,在肉身与灵魂同时踏入赫拉克利特之河之时,人生的考试、考验永远不会停止。

成年人的学习,精力、体力是个问题。就算挤出了时间,效率仍然很难保障。熊焰已经付出了巨大的时间机会成本,必须给自己设立更加严格的目标。求其上者得其中,求其中者得其下,求其下者无所得。在时间如此紧迫的情况下,熊焰并没有打算敷衍了事,混个"通过"。他要通过自己的努力,让每一个写着他的名字的作品熠熠生辉,让读者、让社会有所裨益。哪怕贡献得微乎其微,他也要付出十分的努力,否则,纵使答辩委员会勉强让他"通过"了,他也没法通过自己内心的一关。在那个与世隔绝的小屋里,熊焰想尽一切办法让自己提起精神,提高效率。他喝咖啡、喝茶,心跳加速调动起情绪。机器人产业,在当时还是很生僻的,国内研究的人并不多,在细分领域可参考的文献也很有限,熊焰是带着丰富的想象力和执着的情感在创作,每完成一个章节,都很有成就感。这个寒假,除了年三十、年初一在家里待了两天,其余时间全部在写论文。有时写得头发昏、眼发花、昏天暗地。为了让自己保持清醒和镇定,他学会了吸烟。经过了一段"自毁"式的高强度作业,熊焰终于拿出了初稿,经导师彭瑞玲指导,修改几次后就具备了答辩条件,然后竟奇迹般地顺利,成为在职硕士中第一个参加答辩的学生。

正因为是同批次第一个,答辩委员会审查得格外严格,在核查熊焰发表论文数目时,发现数量远远超出学校的规定。当时硕士毕业的要求是论文字数不少于5万,熊焰的论文超过了9万字。他的硕士论文充分体现了工科与经济学的交叉融合——《中国工业机器人产业化研究》。因为研究题目比较冷门,当时全社会对机器人产业的认识都处于初级阶段,答辩当天,黑龙江省部分专家到现场评议时向熊焰"咨询"了一些基础性的、概念性的问题,熊焰一一作答。这场答辩竟逐渐演变成了熊焰的"答疑"。这篇论文获得在场评委一致好评,熊焰因此成为哈工大在职读研的学生中第一个获得硕士学位的。

就这样,他又"轻轻松松"地通过了。

/ 涕泗滂沱

熊焰忙到几乎没有休闲娱乐的时间,很难抽出时间去照顾家人。在陪伴孩子和照顾老人方面,陈畅做得更多更好。他们的独生女光光,从小就生得十分美丽,全家人都很喜爱。尤其熊焰,唯一的爱女在他心中的分量,比自己的眼珠子还要珍贵。熊焰像爱护眼睛一样去爱护光光,但绝不过分地满足孩子的要求。

熊焰家当时的经济条件也并未达到对孩子有求必应的水平。在光光还没上小学的一个夏天,天气很热,熊焰、陈畅带着光光外出归来,走到了教化广场,光光要吃冰棍。陈畅说,咱们马上到家了,到家就能喝凉白开,比吃冰棍好。光光不能赞同妈妈的想法,管你白水再好,她就是要吃冰棍,父母不同意,她就坐在地上哭,还伴随撒泼打滚。熊焰跟陈畅使眼色,表示坚决不能惯孩子,两人扭头就走。过了一会儿,光光只好跟了上来。熊焰和陈畅虽然只有一个独生爱女,但是对她的教育一直都很讲原则、不溺爱，无理取闹是绝对不行的。

父母之爱子女，应为之计深远。为人父母的天然本能是尽量保护孩子免受一切伤害，但是其他人不会。孩子迟早要走入社会独自面对属于他自己的人生旅途。孩子是父母眼中的唯一，但只是别人的别人。

在孩子的教育理念上，熊焰和陈畅夫妻俩一向保持一致。陈畅担心"隔辈儿亲"会过分娇惯，所以即使熊焰工作很忙的情况下，她也坚持亲自照顾孩子，没有把孩子推给老人。熊焰虽然甚少耳提面命，但在孩子发展的大方向上很有把控。他让光光从小学习书法，从书法中汲取传统文化的精华，培养专注力和意志力；他注重锻炼孩子的自理能力和自主意识，尊重孩子的选择，但对孩子的学习成绩并不苛求。夫妇二人对光光寄予厚望，悉心栽培，呵护备至。

但是，偶尔也有意外发生。

那时光光在哈工大幼儿园上中班，陈畅的父亲生病住院，陈畅日夜陪床，不能按时接孩子回家，接孩子的任务就落在熊焰的头上。孩子放学的时间在下午四点多，熊焰还是上班时间，况且他时间并不固定，有时外出开会，有时正好有访客……所以熊焰就只能让关系较好的同事帮忙，把孩子从幼儿园接出来送回家。熊焰家那时在哈工大的对面，路程很近，穿过西大直街就是了，想也出不了什么问题。这一天，校团委承办大型活动，熊焰一下午到晚上都在校礼堂忙得不可开交，还是找了一个同事帮忙去接孩子，偏就出了差错。同事到了幼儿园没看到光光，问老师，老师说已经放学半天了，可能让其他亲友接走了。那时没有手机、没有电话，没有办法当场沟通求证。同事回到礼堂，熊焰还在处理各种突发情况，围在一堆人中间"指点江山"，好不容易交代了一句，但熊焰此时的心绪根本不在孩子身上，想着也许被孩子妈妈或者奶奶接走了，没有进一步求证。其实就算他有质疑也没有任何办法，家里没有电话，他没有手机，妻子和母亲都没有手机，幼儿园老师没有手机……除非他像孙悟空一样来个分身，飞出去看看。

此时光光并没有离开幼儿园。放学后，她一直在幼儿园的院子里玩儿，等着家人来接。也许偏巧熊焰的同事到幼儿园时，光光正躲在树下看小虫子，或者在滑梯下面抠泥巴……总之是没有看到她。她被遗落在幼儿园里，各方都不知晓。渐渐地，小朋友们都被家长接走了，天色越来越晚，幼儿园只剩下光光一个人了。这时光光自己也发觉不对劲儿了。怎么爸爸妈妈都没有来接我呢。光光在幼儿园门口，又饿又冷，越来越焦急，越来越紧张，越来越生气，她四处张望，盼望着下一秒爸爸或者妈妈就立刻出现，到时候一定要发个脾气，再也不原谅他们了。可她始终没有盼来。光光那时四岁半，她面临一个重大抉择，继续在幼儿园门口等，还是自己走回家去。继续在幼儿园等着，一个人都没有，太黑了，太害怕了，而且爸爸妈妈可能真的忘记我了，万一永远不来了可怎么办；走回家去可能迷路，可能遇到坏人，不会过马路，家人可能已经出来找了，到了幼儿园找不到我怎么办。之前说好的，丢了以后不要乱走，要原地等待。虽然她还没想好策略，但是脚步开始慢慢往家的方向挪动，回家的路她是记得的。她慢慢挪到了西大直街边上，看着往来的车辆，她想瞧准了没有车的时候快速跑过去，但是等了半天都没有好机会。左右张望，有个看起来样子不太凶的叔叔，光光凑过去，努力地掩饰着紧张，对于自己被"丢了"的前情一概不提，只是说："叔叔，我能拉着你的衣服过马路吗？"路人觉得有点儿疑惑，但也没有拒绝。一过了马路，光光立刻松开了陌生人，说了谢谢后马上就跑开了。她气喘吁吁地跑到墙边，确定没有人跟着她、没有人发现她，她顺着墙根儿，小心翼翼地往前挪着步子。

晚上，陈畅从医院回到家时没看到光光，起初并没着急，也许熊焰太忙了，把她带在身边或者让她在办公室玩儿呢。到了晚上八点多，光光的奶奶提了一句，怎么今天还没把光光送回来，这时陈畅才发现天色已晚，心生蹊跷。奶奶不由自主地望向窗外，看到一个小孩，后背紧紧靠着墙根儿，一只手扶着墙，另外一只手在不停地擦眼泪。奶奶跟陈畅叨咕一句："那是谁家孩子，大晚上一边走一边哭。"可是定睛一看，那不是宝贝孙女光光吗！

光光一进屋就放声大哭，眼泪像洪水开了闸。无论妈妈和奶奶怎么问、怎么劝都不管用。她生气极了，委屈极了，只能用这种方式表达和宣泄。她哭了很久，嗓子哑了，眼睛肿了，鼻涕和眼泪把衣服都湿透了，妈妈和奶奶在一旁看着，自然是心疼坏了。可怜的小光光仍觉不足，又使出吃奶的劲儿干号了一阵，实在太累太困了，倒头就睡了。当天夜里，熊焰回家时已经风平浪静。他听到这个事儿一开始丈二和尚摸不着头脑，搞不清哪个环节出了问题，被母亲狠狠数落一番后，细想想确实觉得深深的后怕。当时社会上已经有拐卖儿童的犯罪团伙，报纸和广播也有报道，如果孩子当天晚上碰到了坏人，后果不堪设想。熊焰不免为自己的大意直冒冷汗，看着身旁熟睡之后仍然眉头紧锁的孩子，心里有数不清的愧疚和抱歉。

后来大家问光光，为什么要贴着墙根儿走呢？光光说，她怕被坏人看见抓走，要尽量藏住不被别人看见。不到五岁的孩子，考虑问题蛮周详的，还挺勇敢机智的，熊焰内心对光光是服气的，觉得自己的孩子肯定错不了。

桃 桃 李 李

相比科研成果和论文著作，优秀的学生更能给老师带来成就感。学生是老师行走的作品，学生的成绩超越老师，老师会发自肺腑地感到高兴。这世上或许有诸多的虚情假意，但父母和老师确是真心实意盼望孩子（学生）能超越自己的。熊焰自身的成长，得益于师长的提携、朋辈的帮助，因此熊焰也很乐意尽心竭力地指点帮助后辈。熊焰在高教思政领域躬耕多年，可以说得上是桃李汲汲。成为他人成功路上的推手而不对回报做任何期许，这是熊焰的风范。在自己能力允许的情况下多多成就后辈，在熊焰看来这是师长的本分。

在象牙塔里的师生关系，相对来说比较纯粹，没有太多的物质利益纠葛，学生是一张白纸，老师的墨点儿也不多。我赏识你，你追随我，一起干激情澎湃的事业，相伴走过一段珍贵的人生道路。学生们毕业后会在广阔天地大有作为，熊焰送走了一届又一届学生，有的感念当年情谊，结成终生挚友；有的不再联络，慢慢淡忘了。熊焰看得很开，这就是人梯吧，为攀登者赋能，帮忙而不添乱；为后辈的成功喝彩，真诚而忘我。这种情怀源自熊焰天然的性格，源自基因血脉的传承。

1987年4月，时任哈工大团委副书记的熊焰在只有四版的校报上，整版发表报告文学《论文尚未答辩》——记硕士研究生林闻。文章讲述了哈工大管理学院系统工程硕士研究生林闻同学，为完成硕士论文到大庆石油管理局勘探部做地震勘探系统工程研究的故事。林闻在实地研究期间，主动要求加入野外勘探地质队，冒着严寒与地震队工人一同生产劳动，全方位搜集第一手研究资料，用半年时间走遍海拉尔、伊海河、扎兰屯、新巴尔虎右旗、安达、"三肇"、双城等地，向大庆石油管理局提出了"以解释为中心的地震勘探系统工程管理模式""地震队合理生产组织管理模型""标准公里核算体系"等一套管理改革方案。林闻的方案得到了"试点"应用,解决了各地震队之间由于作业区地质地表条件不同以及工作方法和设备水平不同而造成的苦乐不均的问题。

熊焰是宣传干部出身,经过多年的训练,无论是宣传稿件还是纪实文学,都不在话下。校报向熊焰约稿时,根据题材,他第一个想到了林闻。林闻比熊焰小不了几岁,他是哈尔滨第三中学的学生,1980年考入上海交通大学数学系,数学基础好,逻辑思维能力强。1984年,他自学管理专业课程,以总分436分的好成绩考入哈尔滨工业大学管理学院。他的研究生课程考试门门优异,在班里名列前茅。他同时担任研究生年级党支部委员、管理学院研究生会主席。因为从事学生工作的缘故,与熊焰成为良师益友。此时熊焰已经察觉,八十年代的大学生,历史书上的英雄事迹和广播电视中的劳动模范已经不能完全覆盖他们的思想;他们需要的是成长在自己身边的典型,很切近,没距离,成功成才模式可复制可学习。熊焰从事的共青团工作,需要用青年们熟悉的语言讲故事。他找到了这个切入点,决定在校园内树立朋辈典型去引领学生们。当他了解了林闻之后,就要把他宣传出去,让广大学生看看一个真实的哈工大研究生谦虚严谨、勤恳踏实的优良学风。写这篇文章时,林闻是有所推辞的,认为自己的所谓事迹不足挂齿。但熊焰认为,踏实工作和有效宣传必然是要结合在一起的,这能够促进一个优秀学生更快速地成长,从而带动更多的人见贤思齐。文章发表后,校内掀起了一股向林闻同学学习的小高潮。

在熊焰众多的学生干部中,有一个是蛮有趣的。

大概是1990年某天,熊焰突然接到了保卫处的电话,说他的学生干部带头违反校规校纪,让他好好教育教育。"犯事"的叫刘心刚,是团委团讯编辑部的学生干部。"犯的事"是卖电脑。乍一听仿佛没啥问题,学生卖电脑是有点"不务正业",但也无可厚非。可是,时光倒退30年,"投机倒把"是写在刑法中的罪名。当时市场上行业标准尚未形成,各项规章制度滞后,在商业领域违法乱纪现象屡见不鲜,导致人们对商品经济并不完全认可,低买高卖的"二道贩子"行为令人不耻,绝不是一个"正经"学生所为。发生这种事,学生理应被教育,甚至受惩罚。其实熊焰可以批评几句交给系里处理就得了。但刘心刚引起了熊焰的注意。九十年代初,中国还没有接入国际互联网,电脑在办公环境中尚属新鲜事物,更不要提家用和学生自用的电脑了,普及率很低。虽然学校不允许学生在校园里做买卖,但是学生们私下里勤工俭学在校园里卖卖文具、二手书、冰刀、椅垫儿、水壶等,保卫处往往睁一只眼闭一只眼不去深究了。刘心刚卖的是电脑,当时的台式机价格在人民币两万元左右,"涉案金额"巨大。刘心刚家有一个哥哥一个姐姐,父母都是工人,并非富贵之家,他哪来的钱做这么大的生意。

刘心刚并不隐瞒,把自己挣钱的过程讲了出来。他上高中时发现盗版磁带的需求量很大,成本低,很好卖。他的买卖就在盗版磁带的最后一个环节——往磁带上贴A面B面的贴纸,把贴好的成品卖给市场上的零售商贩,用今天的话说是to小B供应链中的一环。这个生意听起来没什么了不起的,但是刘心刚特别上心,他的标贴得位置准确,用胶均匀,不翘角,无污损,时间长了,一条街上的小贩80%都是他的合作伙伴了。刘心刚每个月有了大约2 000多元人民币的收入,收入是他父亲的十倍。

谈至此,熊焰问他:"既然这么赚钱,你怎么不继续做下去,为什么要考大学呢？你赚钱不忙吗，你有空准备高考吗？"

此时刘心刚眼睛一亮："我上了高三以后，就感觉必须得上大学，光赚这么点儿小钱儿不是长久之计。"熊焰心想，呵，好大的口气，每个月收入2 000元钱还算小钱。然后刘心刚开始情不自禁、不由自主地聊起了他的营销理念。"如果不放弃这个买卖，我就没有时间复习高考；但是放弃我的买卖，等于每个月少了2 000元钱的收入，我实在不舍得。我矛盾了很久，我就想着，一定有一个方法能兼顾二者。所以我决定想办法提高我这个生意的效率。"

熊焰注意到，刘心刚说着说着，就把他的"倒买倒卖"行为说成了"买卖"，"买卖"进而又变成了"生意"。并且，他越说越起劲儿，仿佛在解构一项改变人类的大发明。

刘心刚说："我经过仔细研究发现，生意的实质其实就是贴标这一个动作，然后把磁带转给小贩。所以其他可有可无的环节都能去掉。如果我能省去到市场上询问需求量、去市场做宣传扩大客源这一环节，那就省了不少事。最好的情况是，小贩们需要什么，能给我个订单，我按照订单加工，既省去沟通成本，又减少了存货。"

熊焰此刻又觉得他在吹牛了，市场上的小贩能存活下来都是一身的本事，能听一个高中生指挥吗，但还是耐着性子听他继续讲下去。

刘心刚终于开始介绍他的核心法宝了，他拿出了腰间挂着的BP机。"我买了一台BP机，不是这个，这个是汉显的，我当时买的那个只能显示数字和字母。我自己编了一套简单的暗号，让小贩把需要的磁带类别和数量发送给我。比如，邓丽君，20盘，暗号就是DLJ20。后面再加上我和商贩自己约定的号码，我就知道该送什么货给什么人了。我只要下课的时候带着行李箱精准地送到小贩手里就OK啦。"

熊焰这次脱口而出:"小贩怎么会听你的?他们不嫌麻烦?还要打电话、记暗号。"

刘心刚说:"我教他们啊,暗号很简单。一开始他们也觉得很扯,但是我不厌其烦地一遍又一遍地游说他们。我跟他们讲了,我就要考大学了,我会考上很好的大学,但是我需要时间复习。所以请帮帮忙,需要货时请呼我,我会准时并且保质保量地把货物送到你这里。我找20个小贩,总有一个觉得我实在可怜,就试试我的方法吧。然后我就认真耐心地做好仅有的几个人的生意,让他们满意。很快,其他小贩也发现这样其实更快捷更精准,也开始采用这种方法。虽然我难免丢了一些客户,但是我的收入反而大幅上升了。到了高考最后阶段,我最好的时候每个月有八千多元钱的收入呢。"

听至此,熊焰深感后生可畏。这孩子是个人才,他这过剩的精力如果全用到学习上那真是不可限量。他所说的做买卖也好,生意也罢,无论如何不该被打击,反而应当得到支持和保护。

熊焰作为学校的干部,不能公开支持,也不能当场对刘心刚说鼓励和赞许的话。他只是说,做你想做的吧,有困难或者有麻烦了随时来找我。刘心刚高兴地走了,他感觉他说服了学校里的一个"官"。熊焰心想的是,这是个可塑之才,有想法、敢探索、有毅力、能坚持。就像当年郑兆基第一次听熊焰讲"太平天国与五四运动"时一样,熊焰感到了后浪的力量。

熊焰的这些学生,日后亦经历了千变万化的人生,有的成为教授、院士,有的成为政府官员,有的成为企业高管、知名投资人。这些学生在大学时代就展现出了过人的能力和才华,曾经是科研能手、学生会主席、研究生会主席、社团负责人,甚至有的人可以称为早期创业者,他们中间很多人在官职上、头衔上、收入上都超越了熊焰，但是他们仍然非常尊敬和感谢熊焰这位没有教过他们专业课，但在人生道路上陪伴他们成长的一位老师。

毕业生是一所学校最珍贵的作品，是检验一所大学教育水平的最佳试金石。如果一个学生在毕业多年仍能感念母校的培育，对青年时期的成长摇篮充满自豪感，那一定是因为他在求学期间因母校的影响而取得了关键的进步。反之，如果一个年轻人在求学期间遭到打击和排挤，学校产生的影响之于个人全部是负面的，那他绝不会对母校心怀感恩，更不会想着用所学所得去回馈母校。毕业生走入社会后成为校友、成为一所高校开枝散叶生生不息回馈社会的力量源泉。

在大学时代遇到熊焰这般的老师，实乃幸事一桩。只要能为学生争取的权益，他必义无反顾，哪怕是危难时刻，他依然能够不顾个人安危去保护学生；只要是能促进学校发展、提升学校声誉的事情，他一定一马当先，身先士卒。作为哈工大的学生，熊焰是用自己的方式在回馈母校——坚持原则、恪尽职守、积极工作、鞠躬尽瘁。

百人团轶事

20世纪90年代初，随着熊焰在事业上的进步，他的家庭收入略有提升，家庭条件已经属于"不错"的行列，比上不足，比下绰绰有余。即便如此，作为国内一流大学的处级干部，熊焰的收入仍然不能完全满足家庭需要。家里仅有一台电视机，除此之外再没别的电器了。他的同事们家庭情况也大都如此，大家水平大抵相当，明显感觉生活富足了，但又没什么更多的财富。

1991年,团中央组建中日青年交流计划百人团。由团中央书记处书记亲自带队,到日本参加为期一个月的访问交流。其中有一个青年教育考察团,25人,熊焰入选。

与大多数国人第一次去日本的感受差不多,日本经济发达、环境整洁、服务业从业人员热情又专业。在一次开会中途,熊焰返回宾馆房间取东西,正赶上服务员在打扫房间。熊焰从服务员身后走过,服务员并未察觉,只见那个服务员双膝跪在坐便器旁边,一手怀抱着坐便器半边,另外一手用刷子认真仔细地刷。熊焰被这一幕惊呆了,心中不免发出感叹——我在家洗饭碗也没这么认真!20多年过去了,考察学习的内容已经记不清了,但日本饭店服务员刷马桶的一幕却深深地烙在了脑海里。

代表团受到日方较高规格的接待,在会议日程、出行住宿等安排上考虑得严谨周到。交流团在日本有20天的时间是集体学习、考察和调研,另外还有10天时间相对松散,日方不统一安排午餐。负责此次接待的日本协力基金会每天为每位考察团成员提供1万日元的午餐补助,相当于近600元人民币,10天就是近6 000元人民币。考察团大多数成员,拿到这笔"巨款"时,不约而同地采用了非常极端的做法——不吃午饭,把钱省下来。熊焰也是一样,跟团友们一致行动。早上在宾馆吃自助早餐,尽量多吃,吃到吃不动为止。中午不吃,实在饿了,就吃最便宜的拉面,大概800日元一碗。日餐的分量小,最便宜的拉面自然分量更小,团员们几乎都是正值壮年,到了下午已经饥肠辘辘,好在晚餐由主办方负责。就这样,到考察结束返回国内以后,熊焰把自己饿肚子省下来的9万日元换成外汇券,买了一台电冰箱、一台洗衣机、一台电子钟，给光光买了一架电子琴。

这一次出访，让熊焰切实感觉到了差距，尤其是窘态百出的饿肚子省钱大法，若被日方知道了，可能要笑掉大牙了，真是有损国格。考察团的大多数人，在国内属于生活条件还不错的群体，竟然一致行动饿肚子，可见当时国内经济发展水平、居民收入、商品供给与发达国家存在明显差距。此时已经开始研究政治经济学的熊焰，觉察到自己长期在象牙塔中、居庙堂之上，离国民经济主战场很远，在国家改革开放和经济快速发展的大潮中，自己的贡献太过微不足道。如果能在一个更广阔和新奇的领域、一个更接近时代进步的源泉的领域一试身手，这远比官场上按部就班的升迁和工作更激动人心。

中国自近代开始，曾有诸多名士出国留学或出国访问后，就产生了改行的念头。熊焰强烈的报国情怀在访学中被激发，体内经世济民的小宇宙此时开始觉醒。

满 天 星

/ 蜿 蜒

1992年春天,邓小平先后到武昌、深圳、珠海、上海等地视察,并发表了著名的"南方谈话"。讲话针对人们思想中普遍存在的疑虑,重申了深化改革、加速发展的必要性和重要性,并从中国实际出发,站在时代的高度,深刻地总结了改革开放十多年的经验教训,在一系列重大的理论和实践问题上,提出了新观点,讲出了新思路,开创了新视野,将建设有中国特色社会主义理论与实践,大大地向前推进了一步。这次重要讲话,标志着继毛泽东思想之后,马克思主义与中国实际相结合的第二次伟大历史性飞跃的思想结晶——邓小平理论的最终成熟和形成;同时也标志着中国改革开放第二次浪潮的掀起。南方谈话在国内外产生了巨大的影响。它在中国面临向何处去的重大历史关头,高举改革开放旗帜,坚持解放思想,抓住历史机遇,大大加快了中国的发展。

从1982年毕业留校到1992年,熊焰在学校共青团的不同岗位耕耘了十年。共青团工作的经历让熊焰形成了一个工作惯性——无论什么类型的任务到了熊焰这里,他都干得很有想法,激情澎湃,轰轰烈烈,让参与者高峰体验感十足。

那些年团干部的成长机遇很多,晋升速度相对比较快。但是熊焰的任期处在特殊的历史时段,担任团委书记的时间长达六年,比前后几任的时间都要长。工作给熊焰带来的成就感远远不是薪水报酬能够诠释的。在团委的十年,他用实际行动兑现昭昭誓言:"对党忠诚,积极工作,为共产主义奋斗终身。"不曾迷茫,不曾困惑。让他感到最能锤炼心志的并非是那些急难险重的工作任务,而是长期重复性地从事同一类型工作。他发觉自己从工作中可吸收的知识越来越少,进步越来越小,他仿佛能够听到燃烧在体内的力量光芒逐渐暗淡,依稀能够看到眼前的赫拉克利特之河有如一片淡水湖静止在眼前。他如何在这种情况下依然保持一颗纯粹的赤子之心?

1992年9月22日,熊焰同8907-1班学生王雪莉出席共青团黑龙江省第九次代表大会。熊焰当选为团省委委员和共青团第十三次全国代表大会代表。这是熊焰以哈尔滨工业大学团委书记的身份最后一次出席省级会议。代团歌《光荣啊,中国共青团》①在会议上演奏,激情昂扬的进行曲久久地回荡在熊焰的心中,热热的感觉依然很强烈。看着身边年轻的团干部鼓舞雀跃,熊焰有一种即将化作满天星辰去闪亮夜空的超脱。

1992年11月,哈工大党委委派熊焰参与哈工大高新技术园区的策划与运作,出任哈工大海特经贸公司总经理。哈尔滨工业大学高新技术园

---

① 《光荣啊,中国共青团》,由胡宏伟作词,雷雨声作曲。1988年5月8日,正式被定为中国共产主义青年团的代团歌。2003年7月22日,正式被定为中国共产主义青年团团歌。

区创建于当年6月，经国家科委和哈尔滨市政府批准，被确定为哈尔滨高新技术产业开发区的重要组成部分。哈工大高新技术园区也就是后来的哈尔滨工大集团。从此，熊焰不再是熊老师、熊书记，有了一个新的称呼——熊总。

此后的一段日子，熊焰一头扎进了当时热门的进出口贸易中。南到广东北到俄罗斯，从钢材进口到粮油贸易，可谓苦辣酸甜备尝，收获得失尽有。熊焰这一段海中弄潮的经历并不算顺利，但是他吸收了很多商业领域的常识和商务交往的经验，通过角色的转变验证了自己的兴趣和能力。人一旦成熟了，就没有了幼稚的权利，褪去过去的光环，唯有脚踏实地躬耕前行。曾经装了一脑袋亚当·斯密和大卫·李嘉图，深感"纸上得来终觉浅"，想从一个政工干部转变成为一个成功的商人和企业家，需要脱胎换骨的功夫，而这种历练的经历正是人生宝贵的财富。熊焰时常感到切肤之痛，被扒掉几层皮的感觉。为什么要选择这种困难模式，实际上，熊焰当时在熟悉的政工领域谋一份处级职务并非难事，可是他还是听从自己内心的召唤，面对湍急奔腾的河流，他不愿意退缩，只想逆流直上，到中流击水。

/ 入　　海

熊焰尚未在外贸领域展开拳脚，又一个机会来了。1993年，团中央决定启动"中青科技园"项目，但在负责开发的人选上却一时没有着落。考虑多方面因素，团中央组织部和实业部共同制定了选拔标准：年龄在35～40岁的正处级干部，有理工科高学历教育背景和共青团工作背景，有高级职称,有经济和科技开发管理经验。别看共青团系统人才济济,但一时间要找来这么个人凑齐这几项条件还真不容易。时任共青团中央学校部部长袁纯清同志与熊焰熟识,看到了这个任职条件,第一时间想到了熊焰——条条都中,这是巧合还是量身定制。袁纯清建议熊焰报名试一试。熊焰当时只知有个很著名的"共青城",一想起来就令人热血沸腾,而这个"中国青年科技园"也让人充满想象,内心的小火苗又点燃了。熊焰很想去,再一看任用条件,这感觉仿佛是冥冥中被上天选中了。自己过去一直在蜿蜒的溪流中穿梭,而这次,溪流要入海了。

父亲和母亲非常支持熊焰到北京工作。他们很了解熊焰,这孩子非池中之物,从小就爱折腾,工作上有大的变动是迟早的事。陈畅也非常支持熊焰,而且,她的支持很实际。虽说熊焰在家时"用处"也不大,但是夫妻两地会带来诸多不便是显而易见的。那时光光已经是个小学生了,生活起居需要照料,作业功课需要辅导;陈畅的工作虽然不像熊焰那般忙碌,但也是她热爱的一份事业,将来如果跟随熊焰去北京生活,意味着职业生涯可能断裂;两地分开容易,但随熊焰调动入京谈何容易,一家人何时再能团聚是未知;熊焰进京后真的会一片坦途青云直上吗?还是会水土不服一事无成,在哈工大这个深耕多年的"舒适圈",也许会有更好的发展,最不济处级到退休又如何,这是一个确定又明确的前途。这诸多现实问题夫妻两人讨论过、矛盾过,但最终结论是支持熊焰去北京,暂时两地,孩子和家庭事务由陈畅一力承担。

熊焰的身份是学校的正处级干部,副教授,党委委员,校级后备干部。他的调动,绝不能是他自己剃头挑子一头热,要服从组织的安排。对于熊焰,学校当然是不舍得放,学校正处在大发展用人之际,像熊焰这样的"全能"型选手留在学校里也会有很好的发展。但是哈工大还是支持和尊重熊焰的选择,考虑得也很周全,让熊焰通过"挂职"的方式先到团中央锻炼一年,这样对熊焰来说进退有度,是个最佳的途径。

就这样,经过严格的组织审查,1993年11月,熊焰调任团中央实业部开发处处长,主持中国青年科技园的开发、建设。

接到确定的消息后,熊焰内心激动、兴奋、感恩、不舍……五味杂陈。与毕业就离校的77、78级同学相比,熊焰一直活在象牙塔中,并没有真正意义地进入社会,未曾感受过官场上的互相倾轧和商海中的弱肉强食。之前诸多的努力和争取,但是到了真的确定要走之时,才发觉学校的好,好到无以言表,尤其哈工大是自己的母校,对自己的那份宽容与爱护,感念至此,心中响起千千阙歌,竟无语凝噎。

熊焰1978年到哈工大求学,而今已逾十五载春秋。十五个冬去春来,熊焰从一个稚嫩的木匠成长为一个可独当一面的股肱之将,为学校共青团事业的发展壮大枕戈待旦、鞠躬尽瘁,开拓高校共青团全战线事业的先河,为后辈青年团干部树立了典范。同样,哈工大也给予熊焰受用一生的人生瑰宝,坚韧如一的性格、朴实纯良的品行、邃密高拔的思想、沉着稳健的工作作风、不可多得的良师、推心置腹的知音挚友、桃李花开的荣耀……熊焰的身上已经深深地打下了哈工大的烙印,"规格严格,功夫到家"的校训已然镌刻在他灵魂深处。

大半的人在二十岁或三十岁上就死了,一过了这个年龄,他们只变成了自己的影子,以后的生命不过是用来模仿自己,把以前真正有人味儿的时代所说的,所做的,所想的,所喜欢的,一天天的重复,而重复的方式越来越机械,越来越荒腔走板。[1]

---

[1] 节选自罗曼·罗兰《约翰·克里斯朵夫》(傅雷译)。

而有的人是工作几年后死的,乏味又重复的工作内容不但没有任何高峰体验,反而成了梦想生活的累赘。

"聚是一团火,散作满天星"——曾经有人用如此浪漫的情境比喻团干部。熊焰这颗小火苗,聚则燎原恒久不息,散作星火未来可期。

挂职一年后,熊焰留在了北京,继续负责中国青年科技园开发,任团中央实业开发处处长。

这是我最好的日子，
把它们全都送给你。

4 到中流击水

> 受人之托，忠人之事，唯有心无旁骛，全力以赴。

前　奏

╱　前门东大街10号

　　北京是一座有着三千多年历史的世界文明古都，是中国的政治中心、文化中心、国际交往中心，亦是千百年来诸多政客骚人前赴后继梦想实现的地方。风云变幻莫测，有人功成名就，有人壮志未酬，而大多数人默默无闻并不出挑。

　　来到北京，是熊焰人生的重要转折。

　　20世纪90年代初的北京，普通人的生活大抵如电视情景剧《我爱我家》展示的那样，虽然没有夸张的罐头笑声，但轻松又充满情趣。窗外能看到清澈的蓝天白塔，听到清脆悦耳的鸽子哨。胡同巷子与高楼大厦并存。王府井大街上已经有了麦当劳，生意非常火爆，每次去都要排队很久。北京有两条地铁线，一条长安街沿线，一条环线，乘坐地铁需要买纸质票，一般会有两个大妈，戴着红袖标和太阳帽，等在下地铁的台阶缓台处，坐在马扎儿上检票。打车挺方便，满街是小黄虫面的。

熊焰初到北京之时正值冬季。北京的冬天与哈尔滨相比实在太过幸福，至少可以露出脸和头，北风拂面，冷而不凛。北京的雪像是冬日的点缀，雪落下的沙沙声仿佛蚕吃桑叶，一切轻柔自然。熊焰的工作单位——共青团中央，在前门东大街10号，天安门广场的东南侧，离八大胡同、东交民巷、琉璃厂、大栅栏这些老北京耳熟能详的地界儿很近。团中央大院进门有警卫把守，需要查证才能进入，虽然不是第一次走进这里，但真正成为中央国家机关的一分子，熊焰颇有一种自豪感。特别是自己从毕业开始就从事团的工作，十几年摸爬滚打，有朝一日能来到团中央工作，熊焰由衷感恩命运特别的眷顾。走出单位没多远就进了胡同巷子里，扎进了老北京人的市井生活中。北京人说话都客客气气的，如老舍先生所说，除了为小猫上房，金鱼甩子等事着急之外，老北京人谁也不会急扯白脸的，就算真的吵架，称呼对方都会用敬语"您"。

北京的一切美好源于一种美梦成真后带来的情感升华，也源于职位从地方升迁到中央后亲朋好友的艳羡与赞叹，这一度让熊焰自我感觉很好。但这种单纯的美好很快就变成了很复杂的情愫。

有这么一个小小的空档阶段，熊焰感到蛮轻松——过去的工作职责卸下了，过去积累的人脉关系与人情往来暂时放下了，新的人际网络还在建设之中；陈畅和光光不在身边，他一个人自给自足，自由度很高，可以全身心投入到工作中去。但这轻松之中又夹杂着些许压力，新的同事，新的上下级关系，新单位的各种要求和规矩……他不是个刚毕业的新人，却也初来乍到，一切只能靠自己，必须在暗流汹涌之中气定神闲。

20世纪90年代，在住房供应很紧张的情况下，熊焰在哈尔滨已经拥有一套"三屋一厨",夫妻二人工作都很不错,女儿在复华小学上学,一家三口其乐融融。来北京后,这一切重新来过。很多人不愿意离开自己熟悉的环境是有原因的,是应当被理解的。一句"要跳出舒适圈",说得很轻松,一把辛酸泪,谁解其中滋味。

这一年,熊焰37岁,他来到了北京,来到了团中央,即将承担更多的责任,挑上更重的担子。

/ 创 世 纪

熊焰到北京是1993年底,当时"冷战"结束不久,国际政治经济形势风云变幻,高科技产业正成为世界各国竞争的焦点。科学技术飞速发展并快速向现实生产力转化,科技逐渐成为现实生产力中最活跃的因素和最主要的推动力量。新的世界经济秩序与发展格局的构建,为我国高科技产业的发展提供了机遇和条件。团中央适时推出了"跨世纪青年人才工程",培养经济、科技、教育等领域能够承担跨世纪大业的青年人才,为中华民族在21世纪的腾飞打下坚实基础。团中央、全国青联决定建设"中国青年科技园"。科技园的定位目标是成为培养和输送高级科技人员和创业人才的平台、青年高新技术项目的吸纳和辐射中心、青年进行国际经济技术交流与合作的窗口。

在这项工作开始之前,熊焰用最短的时间把自己的认知与国家的战略布局迅速统一起来。熊焰有多年团的工作经验,深知青年是推动社会进步的重要力量,是科技创业兴国的主力军,尤其应当重视海外留学归国青年,应当为青年们干事创业搭建舞台,将他们扶上马就是在点燃中国未来希望的火种。国家发展要依靠实业进步，依靠科技发展，建设科技园能够大大地集中和提高科研成果转化的效率，进而发挥国家的"后起优势"，改造产业结构，获得规模经济效益。

熊焰在研究和探索之时，心中的蓝图逐渐清晰了。自己将要完成的事业是要为青年科技专家、青年科技企业家提供一个集中的高科技创业基地，为他们创造更好的配套条件。这样就能够更好地推动共青团已有的科技活动深入发展，引导全国青年投身科技，这是功在当代利在千秋的事业。十六年前熊焰高考时，父亲鼓励熊焰的话言犹在耳——为中华之崛起而奋斗拼搏。而今，熊焰真正觉得自己有了用武之地，用所学所长回报社会、回报国家。

熊焰会同团队进一步研究制订科技园的规划思路。科技园需要由当地政府提供建设与发展用地，这样科技园在起步时不承受较大资金负担，轻装上阵。在一定基础设施水平和政策环境下，依靠已经建设的国家级或者省级开发区的基本硬件功能，依靠团中央的优势从软件方面继续优化区域投资环境，从而形成招商引资的优势。熊焰勾勒出了理想中最优运作关系——政府"筑巢"，科技园"引凤"；企业建设，科技园服务；企业发展，政府税收。在整体设计思路上兼顾和协调各方利益，这正是熊焰的强项。

熊焰领会了领导意图并厘清了工作思路，准备撸起袖子大干一场。这时突然发现：这个项目的资金储备、土地资源、政府协调、落地方案、经营项目等相关和配套的一切均处于一穷二白的状态。他只知道建设的基本策略是——"项目起步阶段，引资开发，滚动发展"。具体要求是"选择几个经济热点地区建设不同特色的园区，依靠水平高、影响大的首批项目完成启动，凭借项目优势、区位优势和良好投资环境，吸引国外资金，开拓国际市场，走项目开发与土地开发相结合的路子，尽快形成规模"[1]，除此之外没有更细致的指导方案了。熊焰负责的项目正是首批项目，无任何前人经验可以借鉴，并且还肩负着形成示范基地借势吸引外资的任务。成功则皆大欢喜，失败则相关领域的尝试很有可能直接倒退5～10年。与其说此时熊焰是团中央的官员，不如说他是即将赤手空拳白手起家的创业者。这完全是一件平地而起的新事物，需要一切从头开始埋头苦干，并没有任何顺水推舟或锦上添花的巧宗可寻。熊焰没有退路，可也巧了，他偏就不是喜欢给自己留退路的人。

一切都是新的开始，天地之间仿佛创世纪之时。随着项目的推进，熊焰逐渐发现原定的建设思路太过理想化，就拿"地方政府提供建设用地"这一条来说，地方政府凭什么给你提供建设用地呢？将来的招商引资以及尚不可预见的地方政府的税收，在地方官员看来，很像在"画大饼"。这些都为科技园的选址带来很大的难度。选址不仅仅是地理位置问题，必须综合考虑政治、经济和文化等多种因素。熊焰马不停蹄四处奔波，以最快的速度带队考察了北京的上地、丰台，天津和廊坊等7个地方。经过细致的调研、听取专家意见、协调各方利益，熊焰拿出了详细的选址方案。由团中央领导拍板，决定在廊坊经济技术开发区建设中国青年科技园。

廊坊是京津走廊的明珠，位于河北省中部偏东，毗邻北京与天津，市区距离天安门广场40公里，距离天津市中心区40公里，地处海河流域中下游，素有"九河下梢"之称。廊坊于1989年4月经国务院批准由"廊坊地区"改为省辖地级市。廊坊经济技术开发区于1992年6月26日

---

[1] 引自《青年·高科技·二十一世纪——1994年中国青年科技园发展战略研讨会部分发言摘要》，《中国科技产业月刊》1994年第10期（总第64期）。

开始建设，位于刚刚通车的京津唐高速公路廊坊出口处。

熊焰第一次来到廊坊之时，感觉城市不大，经济发展水平一般，有点儿冷清。他选定的建设地点，当时几乎就是大野地，很荒凉。熊焰准备在这里破土动工，开天辟地了。

地盘定了，资金问题又提上了日程。当时团中央只给了10万元人民币开办费，这些钱在廊坊开发区买个一亩三分地种种庄稼是够了。想要四两拨千斤，让高楼大厦平地起，天方夜谭。他需要搭建一个动态的投资结构，兼顾各方利益，让项目尽快上马。硬骨头必须得啃，刀山火海必须得上。那段时间熊焰抽烟抽得更厉害了。

在与当地政府和开发区领导谈判前，熊焰已经确定了基本的原则和思路——建设科技园是个长期的过程，需要各方的坦诚、长期互信，靠"忽悠"是绝对不行的，要充分展示团中央资源的长处，明确提出需要，不隐瞒自身的弱点。谈判的过程几经反复，十分艰苦。此时熊焰特别能吃苦、特别能坚持的精神再一次发挥了重要作用。最终，熊焰顶住了内部外部各方压力，与当地政府达成了取长补短、优势互补的协议：由团中央实业部与廊坊开发区合作成立"中国青年科技园管委会"，开发区提供"七通一平"①的土地，团中央实业部负责招商，以相对优惠的土地价格和优秀的配套资源吸引全国青年企业家入园创业。这就是后来被国务院特区办和科技部肯定的"廊坊模式"。

1994年春季，廊坊中青科技园发展公司正式成立，熊焰任总经理。熊焰的办公地点设在北京和廊坊两地，廊坊成了熊焰在大"京津冀经济圈"的第二个家。北京和廊坊两地虽然距离不算远，但当时交通并不便

---

① "七通一平"指基本建设中前期工作的道路通、给水通、电通、排水通、热力通、电信通、燃气通及土地平整等的基础建设。

利。火车的时间安排不够紧凑，还常常买不到座，因此火车站一处拼车的聚点很受欢迎，定价方式也颇为有趣，车主和乘客互相叫价。很多第一次从北京去廊坊的人不明白这中间的"潜规则"，被一群"托儿"围在一起出了高价。那时公路从北京到廊坊要2~3小时，一路颠簸，小半天儿没了。为加速推进科技园的工作，单位特别为熊焰配了一辆桑塔纳。熊焰的车技也是这个时期练就的，开着车往返于京津冀高速上，有时候一天内往返，很是奔波。廊坊不大，居民主要活动的区域比较集中。廊坊人说话有口音，蛮有趣的。熊焰觉得廊坊人挺实在，当地物价水平也不高，小饭馆的服务不太拘小节，但服务人员很热情，有名的"驴肉火烧"很正宗、很好吃，再配上一碗牛杂汤，真乃人间至味。

小 团 圆

人生过完第三个本命年，日子就渐渐变快了。也许是生活节奏变快了，也许是肩负的责任太多无暇静候岁月流淌。

那一年从全国各地到团中央来挂职的干部大约有三十多人。一年结束后，仅有三人留在了北京。其中两个正局级干部，一个正处级干部——就是熊焰。

这一年，陈畅和光光过得不算太平。他们家在哈工大校园内一处家属楼，一天晚上竟然被入室盗窃了。万幸当天晚上母女二人在亲戚家住，否则可能有生命危险。除了一台"大件儿"——录音机和十几元零钱，家里其实也没什么贵重物品。报了案，没抓到嫌犯。看着满屋子被丢得乱七八糟的衣物，陈畅感到十分后怕。夫妻异地既不方便又不安全，与熊焰商议后，夫妻二人下定决心带着孩子搬到北京生活。

1995年2月，陈畅和光光来到北京。在地处正义路和东交民巷交叉口的团中央干部宿舍楼里，熊焰办公和住宿合二为一。妻女到来后，单位照顾，在这个房间旁边留了一间宿舍给他们暂住。虽然与哈尔滨的居住条件有很大落差，但在住房条件不算宽裕的北京，有个地方临时落脚已属难得。熊焰白天办公的写字台，晚上铺上褥子就成了光光的小床；两间小房子，偶尔来个访客，挤得团团转；屋子外面的走廊更是热闹——炒菜做饭的，刷牙洗脸的，排队如厕的……虽然筒子楼里条件艰苦点儿，但是邻里和谐、互助友爱，况且朝思暮想的夫妻、父女能够团圆，夫复何求。

放弃过去的生活，来到北京，这是陈畅对熊焰的最实际的支持。多少甜言蜜语海誓山盟都不及行动最真实。

> 爱你坚持的位置，
> 足下的土地。①

富强胡同6号院

这样挤了大概5个月，熊焰一家从筒子楼搬出来，搬进了一座充满神秘色彩的四合院——富强胡同6号院。

富强胡同位于北京市东城区，王府井大街西侧，是一条南北走向的死

---

① 节选自舒婷《致橡树》。

胡同。它南起灯市口西街,北部不通行,全长323米,宽6米,沥青路面。清乾隆时期,因此地有东北会馆,还有几家多为关东客人居住的车马店,故而得名关东店胡同。清宣统时期称关东店,也叫奶子府胡同,1949年后改为奶慈府胡同。1966—1976年间整顿地名时将花园胡同并入,更名为富强胡同。从建筑形制上看,富强胡同6号院原主人在清朝时期应当是文官,官级在四品以上。而今历经变迁,从胡同门外观看,已是寻常百姓家。

富强胡同6号是胡耀邦曾长期居住过的地方,直到党的十二大他当选为中共中央总书记以后,才搬到南长街会计司胡同的住址居住。1978年,《实践是检验真理的唯一标准》一文是在这里最后定稿的。这座四合院还住过一些大人物。熊焰入住的小平房,是这座四合院的偏房。与这些大人物们为邻,熊焰一家安之若素。

自从转入北京的小学后,光光很是高兴。以前在哈尔滨时,每晚点灯熬油写作业;北京的这所小学,学生住得比较分散,上学、放学路途比较遥远,到家就很晚了,完全没有做作业的时间。熊焰家就在学校附近,但光光也不用做作业。小孩子的幸福来得很简单,小小的她适应能力很强,每天都很快乐。陈畅来到北京后在中青会计师事务所工作,依然是自己的专长,总体说来还不错。把妻女安排妥当,没了后顾之忧,熊焰动力更足了。

随后的两年时间里,熊焰与团队如蜜蜂筑巢一般夜以继日、废寝忘食地工作,"中青科技园"建设飞速推进。好的招商政策和先进的园区规划思路以及熊焰高超的商洽能力,起步区800亩熟地很快全部卖完。著名青年企业家和科学家周林、徐荣祥、张思民、张宏伟和崔晋宏等凤凰来仪,科技园一派繁荣兴旺景象。突破了从无到有的过程,熊焰和团队压力有所缓解。

基础打牢了，底仓码实了，规定动作能交卷了，熊焰就要干一些有想象力的事了。

1996年，几名哈尔滨工业大学的研究生带着一个润滑油添加剂的项目找到熊焰，希望得到支持。经过仔细考察与分析预测，熊焰决定支持这个项目，于是科技园成立了廊坊开发区希斯达精细化工有限公司[①]，熊焰出任董事长。产品投入市场后，熊焰发挥团中央资源优势，先后在西安、北京以及河北、广东的一些城市打开了局面，取得了良好的收益。几年后，熊焰建议希斯达公司进军微电子领域，成立了北京火马微电子技术有限公司。这个公司很快在香港成功融资400万美元，并开发出EVD芯片等拳头成品。也是这一年，熊焰开始在资本运营领域小试牛刀，并接连做成了几个项目。他兼任万源高新技术产业股份有限公司董事长期间，通过资本运作，使公司搭上了山东省定向募集股份公司的末班车，并经过多方协调，使该公司于1997年在天津产权交易中心挂牌交易。熊焰与吕德斌博士苦心孤诣的杰出成果——北京巨能实业公司，公司成功融资2.5亿元人民币，在香港创业板上市。

熊焰就是这样，有一颗骚动不安的心，只要有机会就一定要出去探探头、试试水。

科技园给廊坊开发区带来人流集聚效应，实体园区起到了示范基地的作用，远近闻名，前来参观学习的组织和单位络绎不绝。兑现了当初的承诺，熊焰与地方政府打交道时腰杆子更直了。熊焰瞄准时机，趁热打铁，邀请他的校友，时任东方集团总裁的张宏伟加盟科技园。因为对熊焰的深度信任，对科技园项目前景十分看好，1997年初，张宏伟投资

---

① 希斯达，CYSTA，即"中青科技园"的英文缩写。

2 000万元人民币开发了1 200余亩"七通一平"的土地，这就是中青科技园二期。科技园二期很快吸引了航天部三院的钢骨架塑料管制造厂、国家科委生物工程中心中试基地以及韩国双马食品公司等项目。廊坊开发区的实力迅速壮大，名声在外，中青科技园主楼也破土动工。科技园的发展终于被推上了快车道，熊焰也在这个平台上大显身手，他的运筹规划才能、企业管理才能、谈判协调才能充分地发挥出来了。

"我以我才，经世济民"，熊焰从高校政工干部成功转型为优秀的企业管理者，眼见高楼大厦拔地而起，熊焰觉得挺幸福。

讲 正 气

1995年11月25日，《人民日报》发表了题为《讲学习讲政治讲正气》的评论员文章。1996年，党的十四届六中全会做出决定，对县处级以上领导干部进行一次以"讲学习、讲政治、讲正气"为主要内容的党性党风教育。这次教育活动，计划为期3年，发扬延安整风运动的精神，采取自上而下，分期分批进行，以党内的批评和自我批评相结合的方式进行。其目的是要让全党同志，尤其是领导干部接受深刻的党性党风教育。

当时团中央响应党的号召，在内部开展了"三讲"教育活动，搞了内部的讲座和专题民主生活会。熊焰作为团中央实业开发处的干部，也投身到学习活动中。在总结会议上发言时，熊焰的一番言论堪称独树一帜。

他谈到，教育活动到了收尾阶段，要看教育成果。成果不是在会上拍胸脯、做保证、许诺言，而是要谈通过"三讲"教育在认识上有哪些改变，这种认识如何指导今后的行动。熊焰直言，"三讲"教育后，党的干部在任何时候都应当跟党组织讲实话，实实在在地汇报个人的思想动态。讲正气，就是要做讲正气的表率，就是要讲党性、讲原则，公正无私，刚直不阿，言行一致，在扶正祛邪方面下功夫。熊焰谈到了自己分管工作中的敏感点，谈到西方经济学中对人的理性假设，接着，他从利己的角度，谈到了他算的账。

"如果有一天，有人举报我收受贿赂，数额在人民币一两万之间，请组织一定不要相信。这是在侮辱我！在这个范围内，用不着谈党性修养，一个普通的遵纪守法的人就应当做到。"

听到这一句话，现场抬头率明显高了，熊焰还真敢说啊！

"如果数额再大一些，大到了百万级别，我会犹豫，但是我不会要。因为我会算投入产出的账。犹豫是正常反应，不会要是不值得为此身败名裂。"

"如果到了千万级别，这大概是科技园一年的收入水平。到了这个阶段，光靠我个人自觉，我认为比较难。请党组织帮助我并约束我不犯错误。"

一席毕，鸦雀无声。在场的一位领导只说了一句话："这小子敢说实话！"

熊焰觉得，无论做事还是思考，要有逻辑。我向组织保证我一定能做到，远不如我向组织讲真话，请组织监督。

/ 甲方乙方

1997年，北京设立了通州区，中国互联网络信息中心（CNNIC）

成立，长江三峡截流成功，中国对香港恢复行使主权，《中华人民共和国合伙企业法》正式施行。

同样这一年，巨星陨落。作家王小波病逝；《花儿为什么这样红》的作曲家雷振邦去世；戴安娜王妃在巴黎死于车祸；服装设计师范思哲在迈阿思的豪宅门前被枪杀；美国著名乡村民谣歌手约翰·丹佛在加利福尼来海湾因飞机失事不幸身忘；歌手张雨生因车祸英年早逝。这一年，金融风暴席卷东南亚。

这一年熊焰41岁，骄阳正午。事业上如日中天，家庭生活幸福和谐。如果非要说有些什么不满意的地方，熊焰觉得当前损害自己幸福指数的第一大罪魁就是——总也戒不了的香烟。

每位烟民吸烟的开始都有个缘由，受环境影响、受他人教唆、好奇心理、少不更事、为了沟通和交流、为了工作……熊焰的开始似乎更加"正当"——为了学习。熊焰读在职研究生准备论文期间，工作压力和科研压力双肩挑，为排除一切干扰完成论文，不得已"躲进小楼成一统"，喝茶、喝咖啡、抽烟，用尽各种方法。论文完成后，他的烟戒不掉了，一开始吸烟是为了保持兴奋状态，到后来只要不吸烟就无法保持兴奋。工作任务越来越重，烟瘾就越来越重。

一千个烟民有一千个吸烟的理由，而戒烟的痛苦是相同的。

熊焰明知吸烟的坏处，也知道早晚要戒掉，只是一直难以下定决心，反复两三次都没有成功。陈畅和光光来到北京后，生活空间狭小，吸烟不仅损害自身的健康，还会影响妻子和孩子。况且此事陈畅已经耳提面命，在戒烟问题上反复失败，熊焰在妻女面前实在没有面子。

1997年十一假期①,熊焰刚刚学会开车,带着家人和朋友一同去泰山自驾游玩,因车内空间狭小,熊焰此时感冒咳嗽尚未痊愈,因此全程6天都未吸烟。返回北京后,熊焰觉得6天没吸烟感觉不错,神清气爽,拣日不如撞日,不如就此戒烟。1997年10月7日,熊焰在家里向妻女宣布戒烟。陈畅和光光都很高兴,举四只手表示支持。

第二天上班,熊焰来到办公室,在开放办公区颇有仪式感地宣布了一下"关于自己戒烟的决定"。这一宣布不要紧,当时在场的六七个人仿佛被注入了强心剂,立刻来了精神,彼此交换眼神,憋着坏笑看着熊焰。同事冯康当即表示,熊焰要是能戒烟,他就把饭给戒了。熊焰这个人属于吃软不吃硬,你给我撂狠话,那我就跟你杠上了。旁边几个同事一起哄,熊焰和冯康决定打赌以明志。办公室主任立刻拿出一张纸,当即起草"戒烟协议"。

甲方:熊焰

乙方:冯康

甲方自愿戒烟,乙方认为甲方不能成功,特立此为证监督甲方。甲乙双方各自拿出人民币一万元作为保证金放到第三方处统一监管。协议为期一年。赌输的一方将全部保证金交给获胜方,不得反悔。

熊焰和冯康分别签字画押,因为彼此都很较劲,当天就从各自的"小金库"里取出一万元私房钱交了出来。协议生效后,熊焰突然感觉这些天没抽烟好像脑袋不够用了,这似乎好像进了"圈套"。一万元啊,不吃不喝要攒多久。但是反悔已经来不及了,冯康迅速集结吃瓜群众,在北京办公室、廊坊办公室、富强胡同6号院等甲方重点出没地点设立了流动监督员,一旦发现甲方抽烟,立

---

① 1997年国务院尚未规定"黄金周",但用人单位可视情况在"十一"期间内部调整放假方案。

即举证。

刚开始第一个月没什么风吹草动，熊焰虽然也有犯烟瘾的时候，但是挺住没抽。可紧接着就越来越不对劲儿了，熊焰发现他的同事们，大多数怀揣看好戏的心情，憋着坏，处心积虑引诱他破戒。平时故意对着他吞云吐雾也就算了，还故意制造机会诱导他。

有个同事结婚，这几个坏小子竟然串通新娘，婚礼上众目睽睽给熊焰递上香烟："熊主任，您得祝福我们，喜烟必须抽！"熊焰刚要抽，突然看到"监督员"拿着相机要拍照。他立刻跟一对新人道歉，祝福送到，烟不能抽，有赌约在身，实难从命。类似故意制造的事件有太多次。最夸张的是，有一次实业部接到任务，要向书记处汇报工作。在北京的同事早就接到了通知，隐瞒不告诉熊焰。等到要交稿的前一天下午四点，紧急把熊焰从廊坊找回到北京办公室，当天晚上开夜车赶稿子。两个同事，美其名曰与熊焰"休戚与共"，陪着熊焰写，实际上二人一左一右夹着熊焰，两人都抽着烟，一晚上没断。熊焰立刻识破了这小伎俩。看这架势，熊焰逆反情绪上来了，你们越引诱我，我就越不能上当，当时下定决心憋住一口气，头可断、血可流、烟不可复抽。熊焰用高超的自制力打压了"敌人"的气焰，乙方一伙经过一次次"钓鱼执法"不成，就自认失败了。一年时间，熊焰顶住同事们各种"明枪暗箭"成功赢得了赌局。自己的一万元收回来了，赢的一万元放在了单位，作为集体财产，一起用餐使用。单位一共30多人，一万元大约聚餐十几次。

其实，熊焰的心里，对这些"狐朋狗友"是感激的，他深知自己在戒烟这件事上自制力远远不够，如果不是在同事的"打压"之下，自己真就又抽起来了。后来习惯成了自然，熊焰再也没有抽过烟。

当然，熊焰有近10年的烟龄，戒掉心理上的烟瘾是个非常漫长的过程。很多年过去了，熊焰做梦还能梦到在抽烟，自己把自己抽哭了。夜半醒来，觉得哭笑不得。

1997年底，冯小刚贺岁剧开山之作《甲方乙方》上映，获得票房口碑双丰收。

1997年过去了，很多人仍然很怀念它。

╱ 风　起

经中央编办批准，团中央设立了副局级建制的中青高新技术发展中心，熊焰任常务副主任。1998年，他就任主任。而此时，中国青年科技园已经在深圳、烟台和西安等建立了分园，与万源高新技术公司、北京巨能实业公司等企业形成良好的合作关系，一路高歌猛进。

风和日丽之时，谁也不知哪片云会下雨。

1998年，国家土地政策有所调整，而就在此时，东方集团与廊坊开发区产生了矛盾。这段时间，熊焰压力很大，资方与地方政府相互掣肘，他夹在中间很是难办。政府的要求得满足，这是责任；资方的诉求要达成，这是商业信誉。权衡再三，困难要面对，问题得解决。他运筹帷幄，借力打力，一面大张旗鼓地将招商进行到底，一面筹措资金保证东方集团能够稳健退出，花了几年的时间才圆满解决。到2 000年之时，科技园借款已经全部还清，科技园自有物业成了规模，资产总额达到2 000多万元。

中青科技园投资规模大、科技含量高、建设速度快，几年间培养和造就了一大批具有国际一流水平的青年科技事业人才，在促进高新技术产业发展、推动科技进步等方面做了实实在在的工作。为了科技园，熊焰投入了7年的时光和精力，他取得了事业的成功，实现了人生的进阶。经历了政策变革的起伏，熊焰逐渐发现了自己视野的局限、眼前事业的局限，反思自己对商业的本质认识得不够。情怀是最终的价值导向，而不是放在嘴上的办事原则。处理单个商业事件之时，讲原则，有底线，但是商业归根结底是个赚钱的行为，不能混淆成"终身的事业"。

科技园的企业在团中央的政策扶植中成长起来，享受国家各项优惠政策与配套设施，自身缺乏充分摸爬滚打的过程，企业壮大后脱离母体在残酷的社会竞争中难以维系其领先优势。复盘这些年在政界商界打滚的经历，熊焰觉得"管理者"的角色远远不够，他想要当市场的真正"参与者"。熊焰在思忖，走到一定程度之后，何时调整自己的道路以结束一段事业历程，这是非常重要的事情。不会退场，就永远没有资格进场。

他内心的火苗又开始跳动了，通体发烫，脚下的河流都开始沸腾了。

1999年3月，微软公司的"维纳斯"计划引发巨大争议，成为各类媒体聚焦的中心，也是中国IT业出现的少有的社会热点。微软和英特尔等外国厂商在PC行业获取了大部分利润，中国企业只能在激烈的市场竞争中获取微薄的组装和销售利润。在上一年度，中国PC行业的总体利润之和为零，甚至为负。没有技术，就没有任何主动权。"维纳斯"横空出世，显露了其妄图一举拿下包括袖珍电视机、掌上电脑、机顶盒在内的下一代便捷信息装置的软件市场并全面控制中国下一代IT产业平台的野心。威胁来临，全产业链终于开始冷静思考，中国的信息产业将何去何从，未来的产业会不会重蹈微软统领PC的覆辙。"维纳斯"标志着中国信息产业转折的开始，引发了国内家电业、PC业、VCD业、软件业、信息服务业的广泛关注。甚至电信业、广播电视业、有线电视业等均不能袖手旁观。

熊焰再不能坐视，与张树新、方兴东、李明树几个人开始策划应对之策。这几位当时在科技、产业、互联网方向分别有研究和建树，很快找到了突破口——中科院软件工程中心，这里很早就开始研究微软的竞品，成品虽然与微软存在差距，但此时却是个千载难逢的好时机，几个人找到了钟锡昌主任，大家一拍即合。

很快，中国IT界以中国科学院软件工程研究中心牵头提出了"女娲计划"，并于1999年4月20日举办中国数字化（3C产品）产业联盟发起单位筹备会。

"女娲"与"维纳斯"大战给了熊焰灵感，现象已经有了，究其本质，如何变革呢。一个社会热点，质疑、问责的声音很多，但冷静思考解决方案的人不多。忧国忧民之心可表，利国利民之行动更加可贵。这一时期，熊焰经常与高文、张树新等中国IT界精英切磋，发现国内IT业从源头开始，全产业链对资本的挖掘、供应、运用的深度和广度都严重不足。IT业与资本市场的结合，这个部位，大有可为。熊焰想要再往前一步，去追根溯源，从中国IT资源最发达的中关村开始，从中关村最有活力的大学开始。

扬汤止沸，不如釜底抽薪。2000年，熊焰知道自己的方向就在中关村。

/ 中关村风云

中关村一带过去是永定河故道,北京当地人称之为"中湾儿"。这一代山清水秀,从明代起,有权势的太监们在这一代购买"义地",到清代,这里已经形成了太监的坟地。太监又称"中官",因此这里有了"中官儿"的地名。民国时期,在中关村附近的西郊皇家园林基础上建起了清华和燕京两所大学。1949年新中国成立后,在制订北京总体规划时,将中关村这一带规划为首都文教区,大批的科研机构和高等院校汇聚于此。"中官儿"这个名称此时就词不达意了,据说是著名历史学家、教育家陈垣在修建中国科学院的时候,建议更名"中关村"[①]。改革开放以后,从中关村第一人陈春先开始,这片土地开始书写神奇壮丽的历史篇章。到1999年,中关村[②]已经形成"一区五园"的空间格局。在一系列政策支持下,中关村依靠自主创新取得长足发展,新技术企业达到6 690家,企业从业人数达到24.3万人,实现总收入1 049亿元,工业总产值763亿元,利润67.5亿元。

尽管中关村科技园区领先于国内的高新区,发展迅猛,但就行政服务的运作机制而论,依旧不容乐观——行政职能定位不清、行政效率低下、管理层次多、服务不到位,与国家要求科技园区大发展的目标和要求差距很大。中关村科技园区面临的问题是未来中国高新技术区发展所要面临的共同问题。在此背景下,中关村管委会牵头,邀请国内知名学者、企业家、业界专家组成专门工作组,研究起草《中关村科技园区条

[①] 参考文献:《中关村模式——科技+资本双引擎驱动》,尹卫东、董小英、胡燕妮、郭伟琼著书,北京大学出版社。
[②] 此处中关村指1988年5月成立的北京市新技术产业开发实验区。

例》。熊焰有丰富的科技园区管理经验,因此也被邀请来到为中关村献计献策。

这是一件让熊焰兴奋的事,也是一件前所未有的事。那个时期国内其他地区的园区立法和规章内容基本上围绕着如何招商引资,怎么给予优惠。而《中关村科技园区条例》(以下简称《条例》)则是要按照园区应有的法制环境来做规划。在起草《条例》期间,熊焰结识了很多中关村商界、政界的朋友,对于中关村的政商环境、历史渊源有了更深刻的认识,对中关村的未来充满期待。

2000年12月8日,北京市十一届人大常委会第二十三次会议高票通过了《中关村科技园区条例》。这一条例是引领全国对国家级高新区进行立法的垂范,容纳不少创新点,也历史性地成为知识经济时代国内高新科技园区立法样板。《条例》是第一部确认风险投资并设有便于操作的专门条款的法规,在法律制度上取得了相当大的进展,并且规定了"有限合伙制";就智力成果、高新技术成果作价出资占有比例问题,突破了当时法律规定的35%,规定可以由出资各方协商约定;第一次设置了以"法无明文不为过"为核心思想的法治原则,是一种观念的创新;在国内明确规定了政府的行为规范,没有讲政府有什么权力,而是要求政府应该怎么做,并且明确了政府行为必须有据可依;在保护知识产权方面,《条例》除了禁止生产、复制、销售盗版的软件和电子出版物,还第一次明确禁止国家机关、企业和其他市场主体使用盗版物;在竞业限制方面,第一次提出要为保守商业秘密进行补偿。《条例》从2001年1月1日开始实施,从此,园区企业在当下法律框架下可以不必经工商管理行政部门审批,自由进入各个行业开展自主经营,以登记制度取代传统的审批制度,打破了长期以来束缚众多企业开拓创新的"超范围经营"这一框框。①②

熊焰作为参与者之一,看着中关村的良好发展势头,很想投身到这改革大潮之中来,在全新的、开放的环境中试一试水。"女娲迎战维纳斯"之时,熊焰就有了很深刻的思考,在互联网领域、金融领域做点事情,当前环境下的中关村最适合不过。熊焰想在中关村汇聚高校力量专门做互联网信息领域的创业投资公司,让资本与产业从源头开始深度结合,用资本的力量整合产业。有过科技园经验的熊焰知道这件事的三个关键要素——人、财、物。具体到当下,第一是人才,第二是资本,第三是技术。

多年在团中央的工作背景,熊焰与中关村各知名高校及科研机构打过交道,对于科研院校的需求比较了解,互联网信息方向的科研项目非常需要资本的加持,这点不言而喻。科研院所与资本结合,说白了就是给科研项目找钱,给投资人找项目。前人已然做过,可熊焰要尝试一种更加创新的形式,类似微缩版本的美国硅谷,做成中关村的"数码港",在一定的区域和品类范围内,用现代的股权投资模式让资本能够高效率助力科研项目。

使命明确了,资本的属性很重要。让贪婪的游资去触碰圣洁的象牙塔,必然南辕北辙。资本,尤其是前期的基石资本,一定不能是过把瘾就死的短线钱,需要韬光养晦的长线钱。熊焰此时已谙,找一个社会资源丰富、资金雄厚的公司作为牵头人和出资基石,这是上策;否则苦哈

---

① 参考文献:陈俊、樊斌,《从审批制到登记制的飞跃——〈中关村科技园区条例〉的亮点》,《北京观察》,2001年第9期。

② 参考文献:徐建成,《制度要有创新的品格——周旺生解析〈中关村科技园区条例〉》,《中国科技信息》,2001年第6期。

哈地自下而上地磨，商机转瞬即逝，做不成事。熊焰不怕吃苦，但他要成事。踌躇之时，熊焰踩在礁石上观察搜寻这片水域的每一个变化。对的事，无论遇到什么样的艰难险阻仍然要坚持，只要挺过去了，就会发现天地人的走向越来越对。方向对了，加上足够勤勉，上下求索，事情总会有转机和突破。2001年，经朋友介绍，熊焰认识了首创集团总裁刘晓光。刘晓光比熊焰年长一岁，当时在北京国企界和资本市场界已经是很知名的人物了。熊焰怀着景仰和敬畏的心情登门拜访，没想到这位刘总一点儿架子都没有，听了熊焰的计划，很是欣赏，当即安排工作人员来配合对接。刘晓光是熊焰的贵人，这份信任和赏识给了熊焰非常关键的支持，且这份支持起到了很好的杠杆作用。接下来，航天一院、广东核电集团、中关村科技、海王生物等纷纷加盟；科技部火炬中心、教育部科技中心、863计算机专家组、中青高新技术发展中心等以无形资产入股。局面一下子就打开了。

熊焰之所以能乘风破浪顺利破题，并不是靠巧舌如簧，而是他的方案既愿景高远又确实可行，很好地平衡了各方利益，满足了各方诉求。跟当年在廊坊一穷二白开天辟地不同，做高校科研成果的孵化平台并非没有可借鉴的思路。硅谷是很好的标杆和参照，但熊焰没打算照搬。从历史唯物主义角度讲，也不可能复制。而当时李泽楷声势浩大的"数码港"计划给了他启发。

1997年金融危机后，时任香港特首董建华为了重整香港，提出了"数码港"计划，希望把香港发展成为亚洲硅谷。计划提出来之后，香港做了很大努力，包括惠普、IBM、甲骨文、雅虎等八大科技巨头都跟香港签署了合作协议，都有意入驻香港的数码港。时任特区财政司司长曾荫权亲赴欧洲，游说爱立信和诺基亚等巨头入驻。一时间数码港引起了全球的关注。身处北京的熊焰，也同样关注到了这个项目。数码港与熊焰在中关村之所为虽然千差万别，但缺钱这个痛点是相同的。

当时特区政府财力有限，希望借助私人财团的力量来解决资金的问题，向全球50个财团发出邀请，但是没有得到回应。最终李泽楷提出了一个计划，获得了官方的认可。李泽楷提出香港拨出一块土地，由官方来投资打造基础建设，李泽楷的盈科集团负责来兴建数码港，所需的资金通过项目配置的房地产项目出售来筹措。对比同期尚在发展中的中关村，强力引进一个可以解决全部问题的资方，很不现实，也不科学。熊焰理想中的公司治理结构是多家资方制衡持股——既有大型国企的实力和政府背景又有上市公司的规范性和民营企业的灵活性。这样结构完善，制度合理，可以实现有效的激励和约束机制。首创集团的支持，让熊焰心目中这个美妙的股权结构有了基本保障。

再看耗资130亿港元的"数码港"，它位于香港大学旁，在当时还是一片荒地的碧瑶湾住宅群前。按照设计构想，"数码港"将是一个融合资讯广场、办公大楼、高层住宅及独立洋房为一体的大型社区。办公室及设施与住宅的用地比例为2∶1。"数码港"的设计目标是充分利用香港大学的技术及人才资源，并为附近的中区商业中心提供咨询服务。预计建成可容纳30家大型资讯公司或者100家小公司集体办公生活。在此基础上，建设酒店、码头，促进旅游业的发展。[1]

同样是先建巢后引凤再发展的思路，熊焰没有过多地考虑商用和周边业态，他还是希望将组合拳打到最痛处。作为以著名高校为背

---

[1] 资料引自：《"小超人"李泽楷与"数码港"计划》，《中外企业家》，1999年第9期。

景的互联网信息领域的投资公司，熊焰为这个公司确立了三个业务板块。业务链的最底层是物业，如在中关村软件园建设两万平方米的"百校软件研发中心"，吸引京外著名高校入驻到中关村发展；业务链的中层是来源于入驻到中关村的各高校科研院所孵化出来的软件项目公司，大力推动软件出口业务；业务链的高层是资本运营，即投资银行业务，熊焰的投资公司积极为优秀的高校科技公司进入资本市场提供财务顾问服务。这三个板块互为支撑，构成增值链。这个公司就是中关村百校信息园。

万事俱备，只欠东风。2001年5月，熊焰当机立断——离开团中央，到中关村工作。这是与过去的自己又一次告别。与当年离开哈工大时的境况不同，此时的他已经年过不惑，离开深耕多年的中央国家机关，不是一个最安全可靠的选择。但他也清醒地认识到，他在团中央的工作已经进入一定的阶段，自己对事业的贡献度已经开始下降，自己从事业中能够汲取的养分也在递减。与其"以其昏昏使人昭昭"，不如另辟蹊径，朝着自己理想的事业进发。熊焰喜欢选择"困难模式"，并非喜欢困难本身，而是喜欢与之相伴的高峰体验与价值体现。唯有真心相信并深度热爱，才能笑对途中的荆棘遍野。纵然也有不舍，前路充满未知，既然选择了远方，便只顾风雨兼程。团中央对熊焰的决定是支持的，交接了团中央的工作后，熊焰算是下海了。

2001年5月，中关村百校信息园揭牌，刘晓光任董事长，熊焰任总裁。刘晓光在事业上给了熊焰很大帮助，是熊焰的良师益友。此后的几年中，熊焰每每遇到重大问题，都会找刘晓光商议，刘晓光几乎是有求必应，同时又给了熊焰很大的自由度，从不干涉具体业务。从刘晓光身上，熊焰看到学到了投资人的风范——帮忙但绝不添乱。有了刘晓光和首创集团做后盾，百校信息园业务开展得又快又好，先后投资了新火燎原软件公司、哈工大中百信软件出口基地公司、中数创新软件公司、科银京成公司、航天新概念软件公司、百校天拓软件公司等。

百校信息园的特色在于其投行业务，积极为优秀的高校科技公司进入资本市场提供财务顾问服务，其中第一个成功项目是哈工大八达集团进驻首创科技公司。熊焰和团队为此设计了全套股权收购和资产置换方案——借壳宁波中百上市，成就了后来的工大首创。

在百校信息园工作期间，熊焰结识了王熙。王熙与熊焰是校友，曾就读于清华大学自动化系、哈尔滨工业大学机器人专业、美国俄勒冈州立大学数学系及机械系、加州理工学院机械系机器人专业，王熙专业知识积累深厚，毕业后的职业生涯也很顺利。他曾任职于甲骨文（Oracle）并于1995年与合伙人在硅谷创办了软件公司Viador Inc，四年后该公司在纳斯达克上市，并入选"2000年成长最快的50家硅谷高科技公司排行榜"前十名，当年同时入选这个榜单的还有雅虎。王熙也因此曾被国外媒体称为"敲开美国股市大门的第一位中国留学生"。与熊焰结识之时，王熙公司的资本运作出现了问题，股票质押无法纾解。彼时熊焰在北京工作多年，认识了很多清华系企业家。熊焰与宋军、方方等，联合清华系校友的美元基金想帮助王熙增持，买回Viador Inc控制权。很遗憾，操作失败了，但熊焰从此与清华系校友结下了深厚的情谊。

经过一年半的经营，百校信息园的三个业务板块已经形成并进入稳定运行状态，项目投资近八千万元，多数项目开始赢利并显现出较好的成长性。百校信息园在中关村软件园建了软件大厦，启动了软件服务外包业务。熊焰还邀请自己的校友，哈尔滨工业大学7753班的贾晓光作为百校信息园的北美业务代表。

实战最能出真知，熊焰边干边总结经验，开始挖掘和思考制约区域经济发展的更深层次原因。今时不同往昔，脚下这片土地是中关村——这里不缺人才，不缺技术，不缺好企业。那这里同硅谷比缺什么呢？表面看来是缺钱，但事实上国内外大批资金正急于涌入中关村。中关村最缺的是资本进出的渠道，缺的是资本与产权的交易机制——一个信息畅通、管理规范、交易便捷、成本低廉的高科技企业产权交易市场。这是中关村"上台阶"的基石，是把中关村建成"资本洼地"的关键。研究至此，熊焰豁然开朗。[1]时机，静待一个时机。熊焰觉得自己找到了一个窗口，只待窗外风向合适，他要推开这扇窗。

熊焰和团队正打算乘胜追击，酝酿将全国高校的项目孵化落地之时，一个财务顾问项目引出了更多的故事。

/ 蓄　势

2002年春节前，北京市科委主任范伯元到中关村百校信息园调研，熊焰兴之所至谈起了技术产权交易问题。范伯元对熊焰有关改善中关村投融资环境问题的设想很感兴趣，对熊焰说，当下正需要一个懂技术、懂投资、有政府工作背景的人牵头为中关村技术产权交易中心做个贴近市场的改制方案。

懂技术，熊焰的本科专业是无线电通讯；懂投资，熊焰在百校信息园做的正是高校科研项目的投资；有政府工作背景，熊焰在团中央工作

---

[1] 部分资料参考《熊焰的政治经济学人生》，圆方、平明《中外企业家》。

将近八年时间……一切又这么巧，仿佛为他量身定制。

想什么，就来什么；来什么，就能干什么。此时旁人看熊焰，挺神的，有点儿像迷。

这个需要改制的"中关村技术交易中心"就是后来的中关村技术交易所。改制的目的是为了加快北京市高新技术产业发展和中关村科技园区建设，建立和完善北京市多层次的资本市场体系，解决科技企业的融资和产权流动难题。这个难题，熊焰在之前"干中学"的过程中已经发觉了，他的思路很清晰——平台，资金与技术要素交易的平台。熊焰虽说有相关背景，但他并非专业人士，能调动的资源也有限。如何应对？怎么解决？

我们在现实工作中遇到的很多难题都可以归结到求学时代的学艺不精。熊焰虽是经济学研究生，但是在这个领域他尚需更深入地学习和研究。哈工大人身上有一股劲儿，无论多难的事，先应下来，然后折腾和折磨自己。但只要方向对，总能找到解决的办法。

技术产权交易的提法，对很多人来说很陌生。追溯经济史，产权理论及产权交易市场，在西方由来已久，后者几乎是完善的市场经济的标志之一。然而这条道路在中国的发展十分艰难曲折，甚至成为制约区域经济发展的瓶颈。有识之士早已提出，要发展北京地区和环渤海地区的经济，首先应当发展该地区的金融服务。相对完善的产权交易市场是金融服务水平的重要体现。现实情况是，产权交易失灵是大概率事件。在这种交易环境下，越权处置资产造成流失可能无人过问，但当市场上有人想购买资产残值或进行重组优化资源配置的时候，却遭到干涉。层层报批、层层设卡，防止国有资产流失成了设置障碍的最好借口。这极大地降低了资产利用率并消耗了大量的市场参与者的热情。熊焰很大胆地提出了自己的研究结论——当市场和权力冲突时，市场常常让位于权力。熊焰必须从中打开一扇门，他要找到开门的钥匙，并建立一系列通道。随着调研的不断深入，方案的日益缜密，熊焰意识到自己碰巧点中了中国经济改革中的一个时空交会的"要穴"。这让他很兴奋，很雀跃，这一单生意很诱人，如果有收成，那将很有趣。

经过一年的酝酿，熊焰琢磨政策，设计结构，运筹帷幄，他不仅提交了改制方案并且根据方案完成了公司组建。超出出题者的预期——这是熊焰每次交卷的标准。此时已经担任北京市副市长的范伯元说："方案是你做的，股东是你找的，投资也是你找的，你干脆就把这个方案落实吧。"中关村技术交易所的大股东是北京市国有资产经营有限责任公司，董事长李爱庆找熊焰谈过以后，很是欣赏，同样建议熊焰来中交所就职。就这样，一个财务顾问项目把熊焰推进了产权交易市场。

但是，当熊焰在《北京日报》上看到了中关村技术交易所招聘总裁的启事后，又糊涂了。招聘启事上的全部要求，熊焰几乎都符合，甚至远远超出要求，只有一条，年龄不超过45岁。熊焰当时已然46岁，熊焰心里犯嘀咕，这是又有什么差池了呢，是自己的改制方案最终未被采纳，还是上级又有更好的候选人了。熊焰按兵不动，静待招聘结果。到了报名的最后一天，工作人员给熊焰打来电话。

对方客客气气地询问："熊总，您怎么没报名呢？之前协商好的合作，领导让我问问您，还有什么其他的要求吗？"

这一问，熊焰更是云里雾里，但还是先推一轮太极："合作是你情我愿的事，如果你们还有什么顾虑，可以直接告诉我。"

对方慌了："我们愿意合作啊！您为何不报名呢？按要求需要公开

招聘，符合要求者应聘，必要的流程是要走的。"

熊焰直言："我不符合条件，你要求45岁以下，我今年46了。"

对方恍然大悟，脱口而出："误会误会！这是我的错！我以为您怎么也不能到45岁，您看着哪里像46岁啊！我们马上想办法弥补。"

这一记乌龙球，把双方都吓一跳。相互建立信任的初期阶段，互相揣度，很是微妙。第二天，《北京日报》又登了一则招聘启事，还是中关村技术产权交易所招聘总裁，其余没变化，唯独"年龄不超过45岁"后面加了一句"条件优越者可以适当放宽"。随后熊焰被安排笔试面试。拿到笔试题时熊焰笑了，这不就是当时他给中关村技术交易中心的设计方案吗。产权交易是个新事物，业界和学界对此都比较陌生，出考题也没啥新思路，只好把熊焰的方案改成案例去考应聘者。虽有曲折，但熊焰通过了这僵化到哭笑不得的"招聘"。

熊焰顺应政策形势，改组中关村技术交易中心，成立中关村技术产权交易所，注册资本人民币6 500万元人民币，共有九家股东，大股东和董事长单位是北京市国有资产经营有限责任公司。熊焰担任总裁。朋友们笑称，这是"编剧成了男一号"！

2003年3月1日，中关村技术产权交易所正式挂牌营业。2003年3月4日《人民日报（海外版）》第一版报道了北京中关村技术产权交易所。

北京中关村技术产权交易所开业

新华社北京电（记者李杨、崔军强）中关村技术产权交易所日前正式挂牌开业。这个完全以市场化方式运作的产权交易平台，将为资本与科技创新的对接提供一条便捷、畅通的渠道。

中关村技术产权交易所简称中交所，主要功能是为成长型的中小高科技企业进行股权融资，建立有利于风险资本进入、退出的市场机制。中交所采用以经纪人制度为核心的运营模式，将高科技企业和有融资需求的高科技项目挂牌，吸引投资机构入场。按照章程，投融资双方必须委托场内经纪人代理其交易业务，中交所与经纪人分佣，而不直接向投融资双方收取费用。中交所开业首日即有八个签约项目诞生。据介绍，中交所今年规划成交额100亿元人民币，三年后达到1 000亿元人民币。

中关村技术产权交易所坐落在大运村的量子银座，门前一个广告牌上有赫然醒目的二十个字——"专业化、集约化并购市场；区域性、非公开资本市场"，这正是中交所的定位。入口处墙上很显眼的三个大字——"中交所"。这个缩写，当初中关村主管部门是持反对意见的，理由是这个缩写有歧义，像是中国技术交易所，没有突出"中关村"，也没有突出"技术"。熊焰的理由也很充分，首先，没有中国技术交易所，所以不存在缩写冲突；其次，一定要缩成三个字的简称，这样简洁有力，方便对外宣传。双方争执不下。最后熊焰以退为进："我的要求就是缩成三个字，您看怎么改合适？怎么算突出技术又突出中关村？叫'关技所'？仿佛听着不雅。'村技所'？更不合适吧？'关交所'或者'村交所'？这是不是更容易产生歧义？"主管部门一听，也是，后来就没有就此再揪着熊焰了。

其实熊焰心里的算盘，就算误会成"中国技术产权交易所"又如何？他看准了这个方向，中关村技术产权交易所，总有一天要冠以"中国"二字！

初期，熊焰为中交所设计了三条业务线。一条是高科技企业的股权融资，目的是解决中小企业投资的进入、退出问题，尤其是退出通道；

第二条线是国有资产的产权交易；第三条线是新兴资本市场探索。三条主线由近及远，高瞻远瞩，知行合一。熊焰把这种发展战略概括为"从高科技切入，靠国资生存，靠新资本市场谋发展"。

在中交所最初的半年，熊焰进入了一个空前紧张、忙碌的状态。当时中交所只有十几个人，大家对这个市场都是一知半解。一向心宽体胖的他，竟然经常失眠。他要学习和思考的问题太多，他已经深入到了产权理论和实践的关键地带，这里看似一片祥和，实则暗流汹涌。真正摸着石头过河的人，要克服内心的恐惧和现实的迷茫，凭着胆识和经验果断地做出判断。熊焰自知不是这个圈子里出来的，不够懂行，可恰恰这一点，反而让他的恐惧少一些。为何创业者身上多有草莽气息，摸，爬，滚，打，"輮以为轮"。熊焰从一个知识分子、行政干部脱胎换骨到企业家，这是体内因子最激烈的对抗阶段。起步阶段，所有事情都要自己跑，熊焰既要跑国资委又要跑企业。熊焰的条条框框比较少，所以就真的很敢想，那时，他的手机24小时开机，一有了感觉就召开会议头脑风暴，不管是晚上还是周末。他疯狂地、专注地、全情投入地燃烧着自己，也点燃了团队，照亮了眼前的道路。

即便如此，在成立的当年，中交所只能用"惨淡经营"来形容。企业处于亏损状态，到年底发不出奖金。创业初期队伍稳定很重要，熊焰自己很有信心会将企业扭亏为盈，但是现实的问题必须得解决。怎么办？靠做思想工作，讲讲情怀和理想，让大家共克时艰？熊焰觉得不好。这个状况没必要硬撑，为了给上级领导一篇祥和的总结而死要面子活受罪。他打定主意，四处化缘，汇报工作加上哭穷，请上级领导支持。最后，中关村管委会和海淀区分别支持了100万元人民币。这样，当年的奖金总算解决了。奖金落到了实处，员工们精神抖擞了。克服创业初期的种种困难,过了短短半年时间,中交所完成的交易额超过人民币30亿,在国内同类企业中名列前茅,并成为在全国技术产权交易机构中得到普遍认同的排头兵。平台的优势加上熊焰的个人魅力,中交所很快就获得了一支优秀的专家顾问团队,刘纪鹏、周其仁、曹凤岐、王国刚、石小敏、朱武祥等均在其中。

从当初接到中关村技术交易中心改制的任务,到后来担任中关村技术产权交易所总裁,到现在短期内做出了一点小成绩。复盘这一过程,这件事能做成的原因是,在当下及今后很长一段时间内,创新的产权交易体制是市场的真需求,这是一个非常关键的判断;其次是得益于公司制交易所的管理模式,使得企业在管理体制、运营机制、人力资源等方面能够发挥优势,每一笔交易都能够遵循规范的交易制度和操作流程执行。

2003年10月11日至14日,党的十六届三中全会召开,对产权、现代产权制度和产权市场做了关键阐述。

产权是所有制的核心和主要内容。建立归属清晰、权责明确、保护严格、流转顺畅的现代产权制度,有利于维护公有财产权,巩固公有制经济的主体地位;有利于保护私有财产权,促进非公有制经济发展;有利于各类资本的流动和重组,推动混合所有制经济发展;有利于增强企业和公众创业创新的动力,形成良好的信用基础和市场秩序。这是完善基本经济制度的内在要求,是构建现代企业制度的重要基础。要依法保护各类产权,健全产权交易规则和监管制度,推动产权有序流转。

国内政治经济形势突显了发展产权交易的大好时机。从国家角度,政策有开口;从区域角度,北京市委市政府特别重视产权市场的发展,时任市长刘淇曾多次开会专门研究此事，时任市委副书记王岐山是金融领域的专家。产权交易市场即将走向天时地利人和的大好局面。熊焰这次，明显快人一步。

人生就像长跑，耐力恒心很重要。但是，在关键时刻快跑几步，尤为重要。在市场竞争中，唯有快人一步方能占尽先机。如若慢了，就什么都没了；但要是快得太多，就成了烈士。

火候，节奏，47岁的熊焰已掌握得炉火纯青。

中关村的职业经历难能可贵，让熊焰对技术转化的重要性有了更深的认识。他希望中关村变成中国的"硅谷"，希望这里能诞生和培育出享誉世界的高科技自主品牌。

熊焰判断，根据当前的发展势头，北京的地缘优势加上中交所在政府支持下的资源整合的力度，下一步，中国国内最大的一个产权交易市场很有可能会在北京出现。熊焰要朝着"聚大资源做大市场"的方向进发。

激 流

/ 现代产权制度元年

自熊焰在产权交易市场从业后，不止一次接到团中央老同事打来的电话："老熊，听说你是做产权的，你们那儿办产权证吗？我家刚买了一个房，还没过户。"熊焰竟无言以对。这就相当于请计算机专业的人帮忙修电脑，请电气工程专业的人帮忙查电表……看着仿佛有关联性，但细分下去是两个不同分支。当然，相对于电脑和电表，产权、产权市场的概念对大多数人来说相当陌生，甚至觉得仿佛一生都不会与之有什么交集。熊焰在自己职业生涯的前十年也是这么想的。

今时不同往日，熊焰已然执掌中关村技术产权交易所，对于产权和产权市场的理解必须要比一般的专家和学者更加深刻、透彻。因为有高校工作背景，又热爱钻研，熊焰被同事褒称为"学者型企业家"。自接触产权领域以来，熊焰对相关专业知识的学习一刻都没有松懈。他很会理论联系实际，深入浅出地帮助自己和团队理解和消化相关经济理论和政策。

市场是分层次的，比如零售市场、批发市场、商品市场、资本市场，交易所是市场体系的高端形态，类似于商品市场里的超市。交易所有相对标准的交易流程，有相对完备的交易系统，有相对确定的参与人，等等。也就是说，交易所是有一定的规则标准和准入门槛的，不是什么人什么货都能进场的。熊焰和团队要做的就是建立和完善控制机制、进场标准以及交易机制，确保所有产权项目能够依法规范地转让，逐渐聚集市场人气，形成区域规模示范效应。

熊焰研究政策，党的十六届三中全会做出了《中共中央关于完善社会主义市场经济体制若干问题的决定》（以下简称《决定》）。《决定》中明确指出："产权是所有制的核心和主要内容，包括物权、债权、股权和知识产权等各类财产权。"熊焰分析"物权、债权、股权、知识产权"这四大权项，它们分别由物质、能量、信息构成，这样一个排列的顺序是物质的含量越来越少、信息的含量越来越多。西方理论界更多的是把产权看作是一种"基于物的人与人之间的关系"，而我们则把产权定义为"各类财产权"。基于此，通过一段时间的市场实践，熊焰逐渐对"产权"有了自己的认知与看法，在一次给产权经纪人做培训时，他提出了自己对产权的一个定义：产权是要素的凝结、升华、抽象与虚拟化。投入企业的货币、设备、技术、管理四种要素，在企业开始启动的这一瞬间就凝结在了一起，各要素物的属性逐渐模糊，升华、抽象与虚拟化，形成了一个新的经济范畴，这就是"产权"。产权的出现对于提升要素的组织效率、产出效率和流动率都产生了本质上的影响。熊焰认为"产权"对于要素的影响作用，类似于"货币"对商品的推动作用。

熊焰把自己对产权的这种认识与业界和学界的朋友进行了深度切磋探讨，后来这些思想被戏称是产权圈内的"熊氏理论"。

早在筹建百校信息园的时候，熊焰就一直关注着资本市场。当时的政策是，百校信息园的企业因发展需要进行融资时，政府会有一定的补贴。他顺势求索，为什么不建立一个平台，为企业服务，助力社会资金的导入，并将政府的补贴用作这个平台的运转呢。产权交易中，交易对象是一种特殊产品，这种产品的信息搜索成本很高。就像北京当年有许多人买卖古董，所以有了琉璃厂、潘家园等交易市场和市集，但是这种市场实质上还是一对一的谈买卖，买卖双方能碰到有时要靠运气。为了规范市场，信息透明，有人给政府出主意建了北京古董大厦，所有买卖古董的人都聚集到那里。交易场所的设立对促进市场的发展起了积极作用，价格的发现功能显现了出来，选择空间也增大了。熊焰做的中关村技术产权交易所实际上就相当于那个古董大厦。

往简单了说，产权交易所就是提供一个公开交易产权的市场。

公开交易的市场，有那么重要吗？对于古董交易来说，也许比较重要；但对于国有资产交易来说，至少熊焰认为，极其重要。

熊焰在研究中国产权市场的特性时发现，产权市场与中国波澜起伏的国企改革密不可分。改革开放以前，国营企业生产什么、原材料去哪里购买、用什么设备都是国家定的，生产经营活动行政化管理，经营缺乏活力，所以干部和职工积极性都不高。改革开放以后，国营生产单位逐渐放权让利、实行承包经营，逐渐提高大家的生产积极性。1988年到1993年，从国营生产单位到全民所有制工业企业转换，国家与企业、企业与政府主管部门之间权责关系得以厘清和明确。1993年到2003年这十年，从转换经营机制到建立现代企业制度，由全民所有制工业企业到国有企业，产权制度改革成为国有企业改革的焦点。当然，我们也付出了很大的代价，最具代表性的就是国企职工下岗再就业。在这个过程中，有相当一部分企业倒闭了，也有一大部分私有化了，伴随着国企改革的进行，产权交易市场也出现了。2003年到2013年这一阶段，是从现代企业制度到建立现代产权制度的阶段，企业组织形态发生深刻变革。管资产与管人、管事相结合，权利、责任、义务相统一的新型国有资产监管体制建立。①

熊焰和中交所，此刻正处在现代产权制度建立之元年。

有情人共饮一江水

在经济结构调整的过程中，要实现股权多元化、优化各类资源配置，产权交易市场将是其中不可缺少的关键一环。党的十六届三中全会奠定了制度基础，制约经济发展的瓶颈正在被打破。2003年的12月31日，国务院国资委签发了《企业国有产权转让管理暂行办法》，业界俗称"3号令"，从此，产权市场成为国有产权转让的法定市场，央企国有产权转让将进场交易。一切外部内部形势都向着熊焰坚持和预想的方向发展着，一切的发展和变化都印证着熊焰的预判——整合产权交易市场，让产权流动起来，这是大势。

下定决心，有备而来，利剑就要出鞘。机会来了，抽刀不必断水，一切顺势而为。

---

① 资料参考《当代中国居民财富变迁》，熊焰在山东工业大学的主题演讲。

当时北京有两家产权市场：北京产权交易中心和中关村技术产权交易所，两家是赤裸裸的竞争关系。产权市场初期举步维艰，此时分散市场对新规矩的推行、行业标准的制定、规模效应的形成弊远大于利。中关村技术产权交易所没有资格做央企国有产权转让业务，如果想做，那只能与北京产权交易中心合作。熊焰的心，比舞台大。他酝酿了一个计划，如果两家企业合并重组，整合优势资源，形成新的竞争优势，非常有希望拿下国务院国资委试点。北京成了试点，有了资源，那就有可能进一步规范行业标准，做大市场。在国内做到行业第一，绝非天方夜谭。

两家机构的合并不像想象中那么容易，这其中有太多的困难，企业文化的融合、人员的重组，最关键的还是领导权的问题，这中间需要处理和协调的事非常多，千头万绪。熊焰有了这个想法，在评估得失之时，思考良久，如果自己最终没能得到各方认可，很可能被扫地出局，这件事值不值得折腾？

对的事，要坚持，这是熊焰的理念。不要过多地考虑个人的得失，想法太多往往作茧自缚。熊焰要干，就算自己拍屁股走人也无所谓。大道之行，天下为公，这是领导者的才略和气度，这是熊焰。如此的谋篇布局，从一开始就赢了。

熊焰立刻着手去办，他找了很多人提自己的想法和实施方案，在关键时刻，关键人物起了很重要的作用。李爱庆董事长曾经担任市财政局副局长，而北京产权中心隶属于北京市财政局，在李爱庆的全力推动下，经北京市人民政府批准，北京产权交易中心与中关村技术产权交易所合并，重组为后来的北京产权交易所。

合并很顺利，熊焰的个人魅力得到了充分的发挥，他过人的胆识和气度格局得到了各方认可。合并后,李爱庆担任北京产权交易所董事长,熊焰担任总裁,吴汝川担任党总支书记。

就在一切向好,北交所正要大展拳脚之时,晴天里一个霹雳。2004年2月11日,熊焰和吴汝川得到一个消息——国务院国资委确定的央企国有产权转让试点是天津和上海,没有北京。

如果北交所拿不到央企国有产权转让的试点,那就没有资格做央企国资业务。在国内产权交易市场上,北交所就落入了第二梯队,只能做地方企业的国资业务,即使地处北京的央企,也要到天津或上海进场交易,北交所的地缘优势全无。没有央企就没有大宗交易额,很难形成研究和创新的依据,更难形成集聚优势。到最后,地方企业也会跑到更有资源优势的交易所交易,除非行政命令,没人能够留住他们。简单说,短期只能做别人不想做的边角生意;长期将无生意可做。

岂不白忙活了?

熊焰与吴汝川商议,很快决断,熊焰口述起草,以市政府报国务院国资委的口吻拟文。毕竟文件还未发出,务必做最后的争取。听天命之前,务必尽人事,而且要穷尽一切人事。让熊焰感恩的是,北交所刚刚组建的领导班子在这个问题上迅速达成一致,越是在急难险重的时刻,越能考验大家的领导力和执行力。文件起草后,交给李爱庆,李爱庆当天就到市政府去堵领导。

领导听了汇报,第一句话就是,怎么不早来?随后问怎么办?李爱庆随即拿出了早已准备好的文件。领导立刻在文件上签字了,并指示立刻请示北京市委。2004年2月12日一大早,李爱庆又去市委堵领导。熊焰等得心急如焚,很快,李爱庆出来告诉熊焰,市委领导相当重视,当场给国务院国资委致电,但是国资委没有明确回复行还是不行。表面上看，国资委认为北京没有整合完毕，还是两家交易所；另外，说北京没有申报。

熊焰听了，脑袋迅速转着，这是托词，还是另有原因；当前是僵局还是死局……北京市委领导指示，务必死马当活马医，迅速开展一切可能的推进工作。熊焰和李爱庆，总裁与董事长，奉命于危难之间，受任于败军之际，疯狂驱车，九点整到达国务院国资委。递交了报告后，刚下楼，北京市分管副市长打来电话，说北京市领导要到国务院国资委拜访。熊焰与李爱庆立刻又折返回去，约双方领导见面的时间。当天下午五点，北京市领导抵达国务院国资委。磋商后，熊焰得到的消息是，没申报和没整合好的问题都能进一步解决，一个新的问题是，上海和天津的交易所是事业单位，而北交所是企业。国资委表示，对事业单位的监管程序和经验完备，但是对企业的监管还是有待商榷。

2004年2月13日，情人节前一天的上午十一点半，熊焰、吴汝川和郭洪（郭洪时任北京市国资委政策法规处处长）三人正在北交所熊焰的办公室里分析对策。从规划整合方案到分析市领导指示，一一拆解；对于交易所的形式，大家依然觉得企业要优于事业单位。正讨论着，忽然接到市政府秘书长打来的电话："明天上午十点整，在北京饭店举行北京产权交易所成立揭牌仪式，市领导出席。"

得到领导如此的力推，熊焰感到很振奋，但挂牌仪式实在是太突然了。放下电话的一刹那，熊焰立即派兵点将，电话都来不及打，他扯开嗓子站在办公楼里喊，知春路办公区沸腾了，北交所这架战车机器轰鸣着开始了运作——政府协调会、牌匾、背板、花篮、邀请客户、联络媒体……几十人工作到了凌晨两点。

2004年2月14日上午，北京饭店，准备工作有条不紊。熊焰的心情，悲喜两重天。喜的是一直以来盼望的两家公司合并终于以一个公开的形式昭告天下；悲的是截止到揭牌前，国务院国资委仍未认可北交所开展央企业务，悬在北交所头顶的达摩克里斯之剑巍然未动。仪式开始前，熊焰在北京饭店门口迎接北京市政府领导。领导下车后，二人步行进入会场。在行走期间，熊焰抓紧时间向领导表态，请领导放心，交易所的业务他们会把控好。眼看着快要走进仪式大厅了，熊焰很想知道此刻领导的态度，是志在必得，还是适可而止，这太关键了！熊焰提出了心中的担忧——听说央企业务试点的文件快出来了，没有北京。这时，领导黑着脸对熊焰说："你给我记住，任何人都不能剥夺北京为中央服务的权力！"。

熊焰的心敞亮了，就算剑掉下来砸头上也无所谓了。随即，大门打开，熊焰陪同领导，二人春风满面，闲庭信步进入会场。

二百多位嘉宾出席了北交所的揭牌仪式，一切都是井然有序、恰如所愿。北交中心与中交所，宛如一对情人，在情人节这一天走到了一起，有情人从此共饮一江水。外界戏称，熊焰与吴汝川两个"老男人"从此牵手。

2004年2月16日，国务院国资委的专项工作组到北交所调研。3月16日，国务院国资委发文，批准在京、津、沪三地产权交易所进行试点。北交所拿到了央企国有产权进场交易业务的资格。

这是改革开放以来北京行政史上的特殊事件，三位主要领导为一个企业同时出面做工作。谋事在人，事在人为，不可不强。

对于刚刚合并的两支团队，企业文化的融合、队伍的建设还是一个长期的过程。很多企业经历了轰轰烈烈的并购后最终走向失败，主要原因还是企业文化不能融合，权力架构失衡，内耗不断增加，效率低下，最终拖垮了企业。北交所这支队伍是要战斗的，唯有迅速整合集结才能发挥出战斗力，否则很可能走反向极端。熊焰很善于抓主要矛盾，任何一种原生文化的扩张和覆盖都不足以统一战线，要尽快创造属于北交所的全新企业文化。随后，北交所的标志设计、经营理念等内部文化和外部传播方案制定被提上日程。

北交所标志设计和确定体现了新团队的集体智慧。设计师饱受折磨，数易其稿，最终选出设计方案，悬挂于会议室，经讲解之后，全体高管投票，最终由熊焰拍板。北交所的标志中有两个相互交流的箭头，勾勒出传统的太极图案，阐释交易的属性；两个箭头组成的一个古钱币的图案，体现出了资本市场的本质特征；整体的标志外圆内方，代表产权市场规范与创新服务的特色；整体颜色为红色，红色既代表着年轻、热情，又体现出传统与庄严，更透射出产权市场的蓬勃朝气。方案选定前，熊焰和同事们多有讨论和争执；方案选定后，熊焰觉得这图案委实高端大气，怎么看怎么顺眼。

为了使两支不同背景、不同风格、不同打法的队伍迅速融合，熊焰带领团队到井冈山团建。在中国革命的摇篮，毛泽东率领的秋收起义部队和朱德、陈毅领导的湘南起义、南昌起义部分部队曾在这里胜利会师，两军合编为工农革命军第四军，这是中国人民解放军建军史上的重要历史事件。熊焰的队伍也在这里"会师"，大家同学同玩同吃同住，一场酣畅淋漓的水仗冲开了阻隔；一晚畅快的酩酊大醉打开了心扉。自井冈山团建以后，北交所团队拧成一股绳，上下齐心，其利断金。

作为政府授权经营的产权交易机构，重组后的北交所采用了有限责任公司的组织形式，既继承了原北京产权交易中心在国有产权交易方面规范管理的优势，又充分保留了原中交所在机制、体制创新方面的特色。北交所很快走上了快车道。仅一年，北交所的交易额就达到了北京产权交易市场前10年交易额的总和，实现了整合的初衷和愿望。北交所这艘大船，开始在中国产权市场大海上全速航行。熊焰和他的团队承载了国务院国资委赋予的重托，成为四家央企产权交易试点单位之一；承担了北京市政府交付给他们的重任，成为北京国资产权交易的守门人；他们搭建了全国产权市场唯一的"金融资产超市"；他们建设了国家知识产权局委托授权的"国家专利技术展示交易中心"。北交所这艘大船，正承载着北京区域资本市场之梦奋力向前。

/ 天下武功唯快不破

江山易攻不易守，到北交所工作后，熊焰比以往任何时候都更加辛勤，勤于思索，勤于实践。作为一家由政府支持设立的公司，熊焰的姿态从来不是坐听"吆喝"。他清楚北交所的使命和自己的责任，他要主动出击。

熊焰做了调研和估算，当时北京市国资总量在3 000亿元人民币左右，经营性国有资产有1 860亿元人民币，这些都必须进北交所交易。那么在未来三到五年内至少有一半的资产有交易需求。另外，中央直属国有资产分为三部分，一部分是经营性国有资产，国资委直属的当时约有7.13万亿元人民币；第二部分当时还归财政部管，叫非经营性国有资产，包括教育、卫生、文化、传媒等，大约有4万亿元人民币；第三部分是金融类国有资产，就是银监会、保监会、证监会的国有资产，大约有28万亿人民币。所有这些国有资产，如果要退出的话都要进场交易。换言之，在北京的产权市场中，将出现流量非常大的国资产权交易，几年后出现2 000亿元甚至3 000亿元人民币的交易额应该不意外。[①]熊焰据此判断，北交所将有机会成为全国最大的资产交易平台。

　　这样的天时、地利，是北交所千载难逢的机遇，熊焰心中惊喜头脑清醒。他的思想在产权市场的各个领域不停驱驰，能够触达的地方他都要琢磨琢磨，研究研究。他要团队制定标准、制定流程、做好交易闭环中的每一个细节。同时，除了眼前三五年的业绩，他还要考虑得更加长远，他要研究新的产品、新的经营管理模式，新的发展战略。风口与商机转瞬即逝，他要不断调整自己的策略和队伍以备不时之需。政策有待落实、市场有待开发、队伍有待锤炼、竞争者虎视眈眈。熊焰手中的北交所处在市场机遇的集合中，缓进则退，不进则亡。

　　2005年4月15日，北京市出台《关于推进本市资本市场改革开放和稳定发展的意见》，把发展产权市场列为北京资本市场建设的首要工作。据此，熊焰进一步调整战略布局，提出"服务国企打造大平台"的战略。熊焰自认不是专家，北交所也不以专业的金融服务机构自居。聚拢优势资源的平台——这是熊焰为北交所制定的独一无二的市场定位。熊焰的战略布局是，以国有产权强制入场为契机，聚拢资源，让市场参与主体逐步形成消费习惯，营造市场氛围。在此基础上，熊焰和团队迅速完善北交所的市场功能，做大交易规模，让北交所成为服务于以国有产权交易为主的社会各类产权交易的产权大市场，成为多层次资本市场体系的基础性市场平台。熊焰要创造一个场景——走进北交所产权交易

---

① 数据资料参考：《北京产权交易所总裁熊焰：三部曲诠释激情岁月》，《证券日报》，2006年3月24日。

大厅，就像进入了一个资产大超市，这里的"柜台"摆放着特殊的商品——企业产权和资产，顾客就是投资商，而售货员就是经纪商。

这个目标很快就实现了，北交所整合后的一年内1 788项各类产权交易项目在这个大资产超市成交，实际成交额214.29亿元人民币，超过北京产权市场过去10年的交易总额；2005年北交所完成各类产权交易项目2 909项，实际成交额达408.85亿元人民币，在2004年的基础上又翻一番，稳居国内第一。在为市属国企服务的同时，北交所也吸引了大量央企进场交易。自成为国务院国资委试点机构以来，北交所累计完成央企国有产权转让项目502项，实际成交额56.06亿元人民币，涉及资产额449.06亿元人民币。其中，2005年全国三分之二的央企交易项目在北交所完成。

熊焰参考国外公开大市场的做法，确定了"会员制"作为基本的业务制度，这是在制度设计上的卓越贡献。与国内那些仍在采用自营机制——自己做经营、自己做拍卖、自己做招投标的产权交易机构相比，这种制度的优势不言而喻。熊焰对"会员制"的逻辑很明确：北京市政府选定北交所作为北京市的唯一产权交易机构，这种特许经营的模式赋予北交所专项的经营内容。可以说，北交所做的事，其他机构是不能做的；因此其他机构能做的事，北交所也不要再去做。否则就不公道，北交所也做不大。北交所不能为了一点锱铢之利就去与会员争抢。客户是北交所的衣食父母，会员是北交所的兄弟姐妹，相关各方组成了利益共同体。"商为市之魂"，这是熊焰一直以来坚持的理念。

到2006年春季，北交所成立两年左右的时间，已发展各类机构会员2 000余家。其中综合类经纪会员100家；自营类经纪会员150家；审计、评估、拍卖、招投标等服务类会员200家；综合类信息会员1 600

余家。按照"平等自愿、资源共享、促进流转、互惠互利"的原则,北交所通过互设办事处的方式,与全国的52家主要产权交易机构互设办事处,初步建立起覆盖全国的市场网络。①

熊焰把"规范"和"服务"看成是北交所的生命线。精力有限,熊焰很清楚在这一阶段业务方向"专注"的重要性。分析自身利弊,若想上食埃土,下饮黄泉,唯有潜心并专注。北交所奉行"专注诚信、创造卓越"的经营理念,专注于产权市场建设,不投资参股任何中介服务机构,不与会员争利,致力于维护产权市场的规范运行,维护产权市场的"公开、透明"。熊焰的"双轮双轨"驱动模式发挥着作用——以规范和服务为原则,促进国有企业改制重组和国有产权有序流转;以创新和效率为原则,服务于非公产权交易,改善以中关村高新技术企业为代表的中小企业投融资环境。

熊焰接掌北交所,立志使命必达。他边干边探索,发现问题解决问题,在此基础上,他要创造新的产品满足市场需求,并要进一步刺激和带动市场的走向。接下来,他与团队马不停蹄,从搭建金融资产超市、实物资产超市到中央企业主辅分离服务中心、中关村投融资促进中心等专业化服务平台;从方案设计、项目包装、集中推介到组织交易等全过程的工作机制;从施行经纪商制度到实行彻底的经纪机构代理交易制;以及与全国的50多家产权交易机构互设办事处。每一个举措无不成为永载史册的瞬间。尤其是通过与Bloomberg彭博、Sunbelt桑贝尔特、Reuters路透有限公司等全球著名的金融资讯机构共同搭建拥有80多万终端用户中英文双语"跨境产权融资电子平台",并在中国国际传媒网

---

① 数据资料参考:《北京产权交易所总裁熊焰:三部曲诠释激情岁月》,《证券日报》,2006年3月24日。

络电视台开设"中国产权交易频道"。北交所走向了国际。

熊焰用了不到两年时间,壮大了北交所的事业。而后,由于业务发展需要,北京产权交易所总部及国有产权、金融资产交易部门于2006年9月15日迁入北京市西城区金融街的国际金融中心。新办公区揭牌仪式当天,时任全国政协、国务院国资委、北京市的相关领导,中央企业、北京市属企业代表,全国产权交易机构代表,境内外金融机构代表等300多人参加了仪式。

熊焰的办公地点从知春路大运村搬到了金融街17号。

鸣 溅

／ 金融街17号

公元1267年，元世祖忽必烈经过仔细勘察之后，根据《周礼·考工记》的规划原则兴建了元大都城。大都城内设五十个坊，规划完备，建筑齐整。其中金城坊[①]位于元大都城的西南角，元代、明代及清代初期，这里遍布银号、金坊，皇亲国戚及商贾富豪多在此地发迹生财，是繁华的商业区和金融中心。民国后，设在这里的大清银行改为中国银行，其后大陆、金城、中国实业等各银行先后设立于此。

1993年国务院批复的《北京城市总体规划》中提出在西二环阜成门至复兴门一带建设国家级金融管理中心，在这里集中安排国家级银行总行和非银行机构总部，北京金融街应运而生。金融街的城市改造既结合了历史渊源，又体现了城市功能分区的理念。而后，金融街集中了中国人民银行、中国银监会、中国证监会、中国保监会等中国最高金融决策

[①] 金城坊，出自《史记·陈涉世家》："关中之固，金城千里，子孙帝王万世之业也。"

和监管机构，几乎所有有关中国金融的重大决策都在这里酝酿、讨论并最终形成。

作为首都第一个大规模整体定向开发的金融功能区，经过十几年的发展，金融街已经成为对中国金融业最具影响力的金融中心区。

北交所的原址在大运村，不临街。挡在北交所前面的是一个当时很红火的餐厅，叫"沸腾鱼乡"。每当有新客户或者新会员询问北交所的位置时，一般以"沸腾鱼乡"为坐标指引。久而久之，北交所自己的员工都觉得企业形象仿佛跟吃喝文化有了瓜葛一般。另外，狭小的空间，已经无法满足公司的业务扩张；没有宽敞的交易大厅、没有电子大屏就没有交易所的感觉。而金融街的办公条件有了很大提升，临街、独栋、有高厅。北交所有了宽敞明亮举架又高的交易大厅和巨大且清晰的电子大屏。迁址后，北交所调研会员的感受，会员普遍反映——从此以后，客户交保证金不再犹豫了。

来到金融街国际金融中心D座，熊焰即将迎来职业生涯的高光时刻。事业上突飞猛进，熊焰在业界资历渐深、声名鹊起。做金融，接触最多的是钱、有钱的人、有钱的企业、有钱的地方政府……熊焰社交的圈子比以往更加丰富多彩——政界要员、学界名士、富商名流、影视明星……渐渐的，媒体的褒扬之声、下属的奉承之声、亲友的赞叹之声开始包围熊焰。从团中央出来之时还是行内的无名之辈，短短几年，熊焰带领团队突进中国最核心金融中心并坐稳北交所第一把交椅。居安思危，三省自身，熊焰明白这成绩的背后，有政府的支持，有经济体制改革的东风，有新的产权政策试水期的包容性。而自己，是依山傍水，顺势而为。前期的成绩绝非是炫耀的资本，而是下一步跨越式发展的基础。北交所承担着市政府建设区域资本市场的重托，承担着国资委建设

"国资阳光交易平台"的托付,承担着财政部、国知局、北京市委市政府的托付。熊焰的背后是那些对他抱以殷殷期盼的目光。受人之托,忠人之事,熊焰唯有心无旁骛,全力以赴。

熊焰大多数时候是积极出世的,同时他又是高度自律的,做事有理有节有尺度,善于自查自省,戒骄戒躁,时刻保持清醒。如此,方能将一份事业坚持到底。

熊焰五十岁,他并未觉得出发了太久,他依然是他。

/ 资本盛宴

时光踏入2008年,这一年对于全体中国人来说五味杂陈。3月14日,西藏拉萨发生严重暴力犯罪事件;4月10日,银行间外汇市场人民币对美元汇率中间价首度"破7";5月12日,汶川地震;8月4日新疆维吾尔自治区喀什地区发生暴力袭警事件;8月8日,北京奥运会开幕;9月8日,山西襄汾发生尾矿库溃坝事件;9月11日,三鹿奶粉事件曝光;9月15日,雷曼兄弟公司正式宣告破产,美国次贷危机至此演变为全球金融危机;9月25日到9月28日,"神舟七号"载人飞船实现航天员出舱活动;12月15日,海峡两岸海运直航、空运直航、直接通邮全面启动;12月26日,中国人民解放军海军舰艇从三亚启航前往亚丁湾、索马里海域实施护航。

对熊焰来说,这是寻常的奋斗的一年。这一年,北交所四周岁了,迎来了总结过去、规划未来的转折点。四年中,北交所累计完成各类产权交易项目13 067项,累计交易额人民币1 796亿元;员工数量由四十多人增长到一百三十余人；会员由二十多家发展到二百多家。熊焰和团队孜孜不倦地开发各类创新业务——金融资产、知识产权、文化创意、企业投融资、政府招商依次落地；北交所开发出了功能强大、业界领先的产权交易系统并创建公平合理的会员代理制度。[①]各类新闻媒体帮熊焰反复地点着功劳簿，而他自己的计划是把打下的江山夯实稳固，另一方面继续开拓新的疆域。

熊焰亲历了中国产权市场从无到有、从声音微弱到初行天下、从摸索前行到规范发展的成长历程。他见证了过去几年来市场在前进中的每一个重大事件，深有感触，他想把自己的所见所学所思总结下来。这样做既是对过去几年产权市场发展的总结，也是对市场今后发展方向的探讨，对理念的坚定。最主要的是深度介绍和推广产权市场，让更多的合格的市场主体自行对号入座，让更多的人了解和关注中国产权市场的发展。

2008年3月，熊焰的著作《资本盛宴·中国产权市场解读》出版。熊焰在书中深度分析了中国产权市场的独特性，态度鲜明，言辞老辣。

"中国产权市场的每一项重大的国有产权交易都备受关注，几乎都伴随着是否有权力寻租、暗箱操作、内幕交易或资产流失的疑惑，类似的疑虑积累起来，又进一步引发了对改革合理性的质疑。"

在书中，熊焰通过对比进一步剖析了我国国企改革的焦灼点——国企改革涉及数千万国企职工的就业、养老，牵涉贫困群体、弱势群体的利益保护，涉及关于贫富差距、两极分化的道德评判。熊焰在产权领域多年的实践和探索，总结出了国有产权通过产权市场公开进行转让取得

---

① 资料参考《情人节感言——熊焰在北交所成立四周年茶话会上的讲话》。

的成绩,明确说明了这种方式在一定程度上解决了国有产权该不该卖、由谁决定、卖给谁、怎么卖、卖什么价格的问题。虽然还有一些诸如既得利益者的干扰、出价最高者未必最优、并购的隐秘性等问题没有一个标准的解决方案,但总体来说,国有产权交易行为得到了规范,国有资产在有序流转过程中实现了保值增值。除此之外,熊焰在书中深入分析了中国产权市场"3号令"执行前后的变化,讲述了产权市场曲折的故事,从产权市场的发展历程和当时的现实情况出发,探讨了产权市场与多元资本市场的未来发展方向。这本书由时任中央党校经济学教研部主任王东京[①]作序,北京大学出版社出版,一经面世就取得了不俗的反响。媒体给了很高的评价——

"他撑起了产权市场复兴的大旗。"

"他带领北交所团队劈荆斩棘,占据中国产权市场半壁江山。"

"他在中国资本市场刮起一股'产权旋风'。"

写书是个从"知其然"到"知其所以然"再落笔定论的过程,虽然辛苦,但熊焰很享受这个过程。作为一个与政策高度相关的行业的高级从业者和决策者,熊焰难得地保持了学者般开放的姿态。他的身影出现在各大高端金融论坛中,他的话语铿锵有力,在演讲中保持了一贯的风格,侃侃而谈,谆谆相告,以其昭昭,使人昭昭。他很善于吊起听众的胃口,让听众很快进入共情之中。国有资产是属于全体中国人民的,全民怎样充当国有资产的主人?等国有资产卖完了,产权市场还能卖什么?怎样实现让全国人民对国有资产处置有知情权和参与权?国有产权交易政治上很敏感,技术上很

[①] 王东京,曾任中央党校(国家行政学院)副校(院)长。

复杂，质疑起来很容易，辩护起来很困难，怎么办？这些话题他能轻松自如地驾驭，抛出问题，分析问题，解答问题。他的幽默机智和豁达给人留下深刻印象，通过他的推广，国有资产公开透明交易的理念在业界逐渐渗透。

低碳之探

2008年北京奥运会开幕前夕，北交所的第一家分支机构——北京环境交易所在金融街挂牌成立。环交所最初的定位目标是集各类环境权益交易服务于一体的专业化市场平台。北京产权交易所有限公司、中海油新能源投资有限责任公司、中国国电集团公司、中国光大投资管理公司共同出资，熊焰担任北京环境交易所董事长。环交所的职责和使命是用市场机制和金融手段推进节能减排、保护生态环境、应对气候变化。这对熊焰和环交所来说既是巨大的挑战，更包含着非凡的历史机遇。

熊焰的业务创新进度清单上，涉猎门类众多，市场机遇与自身成熟度各有差异，环境权益、碳交易并非是当时熊焰最擅长的领域，环交所显然不是一个短期内最容易出业绩的品类安排。这种缓慢的进攻节奏，熊焰与团队是经过综合考量的。

早在20世纪80年代，联合国提出了可持续发展的概念——既满足当代人的需求，又不损害后代人发展需求的能力。可持续发展是积极的环保概念，但是人类社会总是要发展的，尤其是中国这样的发展中国家，如何以最小的代价实现发展，这是个课题。虽然熊焰并非政府官员，但是他已然开始思索自己从事的行业与可持续发展理念之间的联系，开始探究新的环境交易产品，用产权市场的力量去推动中国经济、社会、环境、能源的可持续发展。2007年10月，党的十七大召开，科学发展观被写入党章，这给了全党、全社会一个积极的信号——在保护环境、节约能源的项目上下功夫，将会获得认可。随之而来的，也会获得相应的回报。以史为鉴可知兴替，在人类经过几千年的农业社会、几百年的工业社会，即将进入知识社会的时候，需要一种新的文明，这就是节约资源、保护环境、改善生态、人和自然和谐相处的文明。在西方发达国家，工业革命后200多年的经济增长和财富积累过程中遇到的环境问题是逐步出现，分阶段解决的。但这些国家长时期遭遇的问题在我国30多年的快速发展中集中出现，使得我国的资源、环境问题呈现复合型、综合性、密集性的特点。根据2005年的测算数据，由于能效低、环境污染和生态破坏等原因所造成的损失占GDP的13.5%，大于当年10.4%的GDP增长。这样下去将把环境的债务留给子孙后代。这说明粗放型的增长模式是不可持续的。熊焰在交易品的准入、交易标的的设计时，在尝试考虑，通过产权交易要起到减少"粗放型""不可持续发展品"数量的权重的作用。①

可持续发展的重点是低碳经济，因为人类当时受到全球性的最大威胁就是以二氧化碳为主的温室气体造成了全球性的气候变暖。面对这种情况，中国应当为控制和减缓气候变化做出自己的努力。但是熊焰认为，中国发展低碳经济要有自己的方法和手段。作为最大的发展中国家，中国在到达中等发达国家水平之前，还是要不断发展，既然要发

---

① 数据参考：熊焰著《低碳转型路线图——国际经验、中国选择与地方实践》，成思危作序《探索适合中国的低碳发展之路》，中国经济出版社。

展，就要不断地消耗能量。这个前提决定了中国的低碳发展将是一个复杂的过程。熊焰心中理想的低碳发展蓝图中，政府、企业、个人能够各司其职。政府要引导企业沿着低碳方向自主探索，而不是采取行政命令一刀切；企业要有社会责任，要勇于创新；个人要适度转变生活方式。熊焰上下求索，终于在浩瀚的数据和典籍中摸到了门口——连接现代金融业和低碳产业的碳金融行业。

中国的碳金融，当时只是初露端倪。如何缔造交易碳配额和碳抵消产品的市场，如何做清洁能源等与低碳技术相关的投融资，如何做企业的碳资产风险和收益评估，如何发掘企业在低碳发展过程中的预期收益……所有这些成了环交所董事长熊焰每日思考的问题。但有一点熊焰很明确，碳金融体系一定要建立起来，这样才有低成本应对气候变化的激励机制和解决方案。中国当前就算还不成体系，也要有一个雏形。步子要迈出去，环交所的一小步，也许就是中国碳金融体系成熟的一大步。

熊焰再去寻找行业细分，政府层面和技术层面的工作，他能力有限。但是在碳交易层面，环交所大有可为。从制度上建立体制和机制，建立中国的交易平台和代理机构并逐渐实现国际化，建立碳资源储备。据此，熊焰判断，碳交易必将成为碳金融建设的突破口，而碳交易正是环交所大有可为的领域。进一步分析，金融要在低碳发展中发挥作用，就要依据一定的规则，这个规则最初一定来自于碳交易市场。怎么做碳交易市场，国外有经验可借鉴，但中国的发展阶段与政策环境决定，在这个领域只能走自己的路——通过加强碳交易平台建设，培育碳市场体系，让更多的投资者参与进来，形成谈价格的基础，进而形成碳交易市场。所以，尽早建立碳市场，既可以限制对高碳产业的投资，有利于我国低碳产业的发展，又可以通过长期摸索建立起适合中国自身特点的碳市场机制，避免在低碳发展的问题上被西方国家牵着鼻子走。

随着研究的深入，熊焰觉得这个方向涉及的领域非常广，信息量很大。作为环交所的第一负责人，他必须弄清楚环交所的业务边界和逻辑框架。熊焰基本想清楚了，觉得能说服自己了，他就要去实践了。策划了一年多，他积累的资料越来越多。在他和团队深入研究碳交易的这段时间，中国在应对气候变化和能源政策的强度与幅度逐渐增大，超出业界预期。"碳交易"也从一个不合时宜的话题变为人人关注的时髦词汇。随着应对气候变化的国际形势转变，国内各界的态度也在迅速发生转变。在这个过程中，熊焰和他的团队一直在跟踪、学习、研究、适应。每当出现一个新东西、新概念，或者新突破，熊焰和同事们就马上进行研究。经过这样一段时间高强度的学习、理解和提炼，熊焰的理论体系搭建好了。随之，他在这方面的专著《低碳之路——重新定义世界和我们的生活》[①]《低碳转型路线图——国际经验、中国选择与地方实践》就形成了。《低碳之路——重新定义世界和我们的生活》以通俗易懂的方式描绘了低碳世界的全景式画面，被业界评价为"是一本具有很高普及性的低碳专业读物"，并以10万本的发行量跻身2010年度优秀经济类畅销图书。

熊焰习惯把自己学习到的大量内容都记录下来，再按照需要的逻辑加以整理，在合适的场合做演讲和报告，然后就形成了专著的理论框架基础。在工作中有积累和思考，研究成果自然而来。闭门造车太容易做

---

① 《低碳之路——重新定义世界和我们的生活》，熊焰著，中国经济出版社，2010年。

出"夹生饭",他也没那个闲功夫。熊焰要求自己每一天、每一件具体工作都全力以赴,认真去琢磨每一个细节是怎么回事,深入具体的情景中,把问题想透。

2008年12月12日,北京奥运会期间"绿色出行碳路行动"所产生的8 895吨二氧化碳,作为生态补偿指标在北京环境交易所挂牌。这是首个在北京地区进行生态补偿交易的挂牌项目。直至第二年8月5日,环交所成立一周年之际,国内自愿碳减排第一单交易终于达成——天平汽车保险股份有限公司成功购买了北京奥运会期间"绿色出行碳路行动"产生的8 026吨碳减排指标,成为第一家通过购买自愿碳减排量实现碳中和的中国企业。

2009年9月23日由纽约-泛欧证券交易所集团、BlueNext环境交易所、北京环境交易所、国家发改委能源研究所、美国环保协会、中美交流基金会联合发起主办的"中美低碳经济会议",在美国纽约召开。这次会议也是中美首次战略与经济对话之后的重要民间交流活动之一。会议的主题是"中美气候变化、新能源与环境合作:技术、资金与市场",旨在通过民间与市场层面的对话与交流,推动两国在应对气候变化、环境能源方面的合作与业务拓展。本次会议上,来自中美两国的相关政府官员、企业家、金融家、学者和媒体代表就"政策与平台""技术与资金""责任与行动"三个主题展开了多层次、多渠道的意见交流,为建设一个和谐发展的低碳世界激荡思想,凝聚共识,推动变革。熊焰代表北京环境交易所在会议上做了精彩发言。

在国际舞台上发言,要做到与听众共情是非常困难的,语言节奏和翻译节奏很难掌控。所以熊焰在发言中尽量用平实的语言和具象化的比喻。发言中有这么一段——

"我打一个比方,国际社会是一个大家庭,美国和欧洲的发达国家,经济和社会形态都已经高度成熟了,好比六七十岁的老人家。他们不干重活,技术先进、能耗很低,70%的排放都来自消费部门。而中国是这个国际社会大家庭中的壮劳力,20来岁的小伙子,干活多,自然吃得多。我们还不太富裕,处在成长发育的过程,吃的是粗粮,以煤为基础,因此排放自然就高,而且主要集中在工业部门,减排压力和难度远远大于发达国家。所以,国际社会要求发展中国家承担减排责任,就必须要提供相应的帮助,帮助年轻人改变膳食结构,提高作业技能。否则又要发展中国家加工制造、干重活,又不允许发展中国家增加排放,这在经济和道义上都是讲不通的,也不利于解决实际问题。"①

这一段发言由膝及内,深入浅出。关于老人和青年人吃饭和排泄的比喻,翻译过后竟点中了西方人的笑穴,全场爆发雷鸣般的掌声和笑声。熊焰回忆一下,这是他自己一贯的风格,他并未在此埋什么包袱,能戳中美国人的关注点,也许是巧合中插柳成荫。

两年后,在南非德班举行了《联合国气候变化框架公约》第十七次缔约方大会。在此次大会上将决定《京都协议书》第二承诺期是否延续,这将决定《联合国气候变化框架公约》的存亡及全球减排规则和新经济制度的建立。应对气候变化缺少不了绿色金融手段,碳交易已然是其中一个重要的手段。熊焰应邀在德班气候大会上做了名为《绿色金融与碳交易》的主题发言,向参会代表介绍了北京环境交易

---

① 节选自:熊焰,《中国减排:行动、困难与希望——在"中美低碳经济会议"上的讲话》,2009年9月23日。

所在环境权益交易领域的探索和实践。

有灯塔的地方，一定有航道；有航道的地方，不一定有灯塔。

/ 两 个 七 天[①]

熊焰在产权领域深耕之际，世界经济形势发生了激烈的动荡，到2008年底，美国次贷危机的影响已然蔓延全球。从2004年6月到2006年6月的两年时间里，美国联邦储备委员会连续17次提息，将联邦基金利率从1%提升到5.25%。利率大幅攀升加重了购房者的还贷负担。而且，自从2005年第二季度以来，美国住房市场开始大幅降温。随着住房价格下跌，购房者难以将房屋出售或者通过抵押获得融资。受此影响，很多次级抵押贷款市场的借款人无法按期偿还借款，次级抵押贷款市场危机开始显现并呈愈演愈烈之势。美国次级房屋信贷行业违约剧增、信用紧缩问题严重，2007年夏季开始引发国际金融市场震荡、恐慌和危机。次贷危机全面爆发，对国际金融秩序造成了极大的冲击和破坏，使金融市场产生了强烈的信贷紧缩效应，国际金融体系长期积累的系统性金融风险得以暴露。次贷危机引发的金融危机是美国20世纪30年代"大萧条"以来最为严重的一次金融危机。随后，次贷危机迅速波及全球，全球金融体系受到重大影响，危机冲击实体经济。中国也受到次贷危机的影响。

金融工具过度创新、信用评级机构利益扭曲、货币政策监管放松

---

① 本节参考熊焰先生2008年11月个人日记《访美纪行》。

是导致美国次贷危机的主要原因。美国政府采取的大幅注资、连续降息和直接干预等应对措施虽已取得一定的成效，但未从根本上解决问题。国内金融监管机构和从业者在大洋彼岸已然在研究分析应对之策，在变幻莫测之中要寻找属于中国的机会。这场危机也警示了大洋彼岸的中国，金融调控政策必须顺应经济态势，符合周期性波动规律；应在加强金融监管、健全风险防范机制的基础上推进金融产品及其体系创新。越来越多的人意识到，应当抓住有利时机鼓励海外资产并购，优化海外资产结构，分散海外资产风险。在这个背景下，时任全国工商联并购公会第三届轮值主席和北京股权投资基金协会副会长兼秘书长的熊焰，有了一次赴美之行。

在西方的传说中，世界的建立，用了七天时间。熊焰去亲见这个世界，用了两个七天。

熊焰在飞机上一共待了近十三个小时。登机后，飞行了四五个小时天就亮了；又飞了四五个小时天又黑了。熊焰看到飞机是追着太阳向东飞，窗外白云一片。为倒时差，他在飞机上只睡了两个多小时。他用了近一半的时间在看一部小说——陆天明的《命运》，一本讲深圳特区发展史的书，句读之间，当年情景历历在目，跃然纸上，感慨万千；剩下一半的时间，他就在太平洋之上的万米高空，放飞一下自己的思绪，记录一些自己的感想和认识，这是很难得的机会。

此次赴美，熊焰要参加北交所与美国同业机构合作成立的"美中产权交易所"开业仪式，这是北交所继在意大利和日本分别组建成立"米兰交易所""日中交易所"之后，拓展国际化业务又一个大的举措。另外，熊焰是想近距离观察一下金融危机，在海啸的"旋涡地带"感受一下真实情况。除此之外，熊焰和团队要考察一下美国企业在危机下的生存现状，看能否为中国企业"走出去"并购提供一个机遇。

曾经很长一段时间，国内普通民众了解美国多半通过一部电视剧——《北京人在纽约》，这部由郑晓龙和冯小刚指导的电视剧在1994年上映，姜文和王姬主演，其中的一段开场白让人记忆犹新——"如果你爱他，请送他去纽约，因为那里是天堂。如果你恨他，请送他去纽约，因为那里是地狱。"熊焰思绪万千，无论是否从内心接受这个国家，谁都无法避开它的影响，也不得不直接或间接地与这个国家进行着交往，这就是美国。很长时间以来，它一直是世界经济的"火车头"，它对当今世界的影响，甚至超过了2 000年前罗马帝国对世界的影响。不过，它也是一个不安分的国家。多年来，它习惯于对自己邻居的生活方式指手画脚，喜欢用自己的世界观去对别人评头论足，并强行要求邻居们对它的观点予以认同，凡不接受的，便施加颜色，报以拳脚。

现在，这个国家又一度成为全世界瞩目的焦点：它所打出的一个"喷嚏"，让全世界都患上了"重感冒"。从它那里诞生的一场次贷风波，在全球掀起了一次滔天的金融海啸。全世界的经济，都由于它所犯下的错误而受到拖累，都在为它所导致的后果买单。这个国家对世界经济影响如此深远，以致当它出现危机时，世界上的所有人都不得不认真对待。思绪至此，熊焰莫名感叹，与这样一个"庞然大物"打交道，中国有没有准备好，什么时机能够准备好，那个"裉节儿"在哪儿呢。

熊焰的一个判断是，中美之间需要建立一种建设性的合作关系，这种合作是建立在一种理性的、互利的基础上，以市场为纽带，以经济互惠为根本。

合作，对中国而言首先要管好自己的事情，建好自己的家园。在当前全世界的金融市场出现混乱的情况下，熊焰觉得中国首先要大力巩固自己的金融防线，力保城门不失；在此基础上，再以一种积极的心态，介入到国际事务中去。就像飞机起飞前空姐经常说的：当出现危险时，先戴好自己的氧气罩，再去照顾其他人。

抵达华盛顿之时，夜色如幕，一片宁静。

天亮后，熊焰一行开始了在华盛顿一天紧锣密鼓的访问日程，约见了美国当时在任或前任政府官员及参众两院相关委员会要员。

8:15，他们已抵达K & L·Gates律所。这家律所当时的律师规模在1 700人左右，是名副其实的国际大律所，主要合伙人是威廉·亨利·盖茨，比尔·盖茨的父亲。威廉是西雅图的著名律师，他早先开的事务所Preston Gates，几经合并，成为了K&L Gates。律师Daniel Ritter接待了他们，介绍律所情况，并准备了简单的早餐——一块蛋糕与一杯橘子汁。9:00，他们来到麦克拉提公司会见了总裁麦克拉提先生，这位克林顿政府时期的白宫幕僚长①，现在领导着一家知名的战略咨询公司，同时担任美国著名私募基金——凯雷公司的高级顾问。11:00，在瑞银公司拜访了奥巴马的经济顾问，以及瑞银公司的两位高管。大家主要探讨了当时金融危机局势和如何应对等问题。12:30，在国会山旁边的一家很有名的餐馆与律所的几位合伙人举行了午餐会。13:30，到议会大厦会见了参议院、众议院相关委员会的要员。16:15，在美国国务院与助理国务卿会晤。17:40，在财政部与相关负责人会谈。20:00，经过一整天的紧张会谈，终于完成了在华盛顿的既定安排，飞纽约。22:30，晚餐。第一天的行程非常紧张，只能走马观花，有个感性认识。但熊焰的日记里，这些"流水账"记得清晰缜密。

---

① 白宫幕僚长，White House Chief of Staff，又被译为白宫办公厅主任，是美国总统办事机构的最高级别官员，同时是美国总统的高级助理。

纽约是美国金融风暴的核心,也是熊焰这次行程中的考察重点。行程的第二天,他们要拜会华尔街的一些重要人士,第一站是纽约股票交易所。刚走进华尔街就看见纽交所外飘扬着五星红旗,熊焰以为有中国企业上市,正诧异间,有人告诉他,这是中国人寿保险在纽交所上市五周年纪念日。行程依旧十分紧凑。9:00,拜会纽交所副总裁Cullhan女士;11:00,与高盛美国银行高管会晤;12:40,参加美联储纽约分行的高管午餐会;16:30,与花旗银行高管会谈。

纽约行程是由高志凯博士和他的朋友——南方卫理公会大学法学院院长约翰·阿塔纳西奥先生(John B. Attanasio)安排的。高博士是投行界的传奇人物,曾为邓小平、胡耀邦、李先念、杨尚昆等国家领导人当过翻译;出任过美国摩根财团亚洲分公司副总裁和香港电讯盈科中国地区执行董事等职务,曾被时任香港特别行政区长官董建华聘为证券与期货监管委员会中国事务顾问,现兼任北京股权投资基金协会(简称北京PE协会)国际委员会主任。约翰·阿塔纳西奥先生是南方卫理公会大学法学院院长,该大学位于得克萨斯州达拉斯市,是一所私立的研究性大学,是卡耐基基金会指定的一类大学之一。约翰院长是北交所的国际顾问,他学识渊博,谦和友善,人脉极广,对中国抱有极大的热情与善意。

2008年11月19日对北交所而言又是一个值得庆贺的日子。北交所的第三个海外交易合作平台——美中产权交易所这一天在迈阿密揭牌。这天一早,熊焰从纽约直飞迈阿密。近三个小时的行程,到中午抵达了这个电影中的名城。熊焰从车窗向外望,蓝天白云,碧海银滩,棕榈葱郁,绿草茵茵,这是典型的中美热带风情。迈阿密地处美国东南部,东望大西洋,南临古巴湾,拥有无数个岛屿。这里气候温暖,风景宜人,没有明显的四季之分，据说直到1977年，迈阿密才下了200年来的第一场雪。由于这里空气质量良好、大量的植被覆盖、清洁的饮用水、干净的街道等因素，迈阿密被《福布斯》评为"美国最干净的城市"。迈阿密是除纽约之外的全美国际金融业务中心，这里的布瑞肯大道被称作"拉丁美洲华尔街"，由于特别的保护政策，拉美国家的企业家们都喜欢将他们的资金存放在这里。作为通往美洲的门户，迈阿密自古以来就是商家的必争之地，这里是美国最大的转口贸易集散地，有世界上最大的邮轮港——迈阿密港和世界上最繁忙的机场之一——迈阿密国际机场。当时的迈阿密，熊焰亲见，确是一个当之无愧的民族大熔炉和文化大熔炉，它融汇了北美、南美、中美洲以及加勒比海地区等各方特色，故而又被称为"美洲的首都"。

揭牌仪式在下午四点开始。迈阿密市的市长Manuel Diaz先生首先发言。Manuel Diaz先生长着典型的拉丁面孔，英俊潇洒，颇有电影明星风范。Manuel Diaz先生是全美市长联谊主席，人脉极广。熊焰注意到他上台时，手里拿着一个"大本子"。市长先生首先介绍了迈阿密市的情况，然后对北交所和新成立的美中产权交易所表示赞许，最后，他将手中的那个"大本子"代表迈阿密市政府赠送给了熊焰，这时熊焰才知道原来这是迈阿密市政府对北交所与美中产权交易所合作的"见证书"，尺寸要比国内通常的证书大好多，印制精美，体现了美国地方政府对中美企业合作的期望与重视。接着，熊焰代表北交所登台致辞。

"我来自万里之外的中国北京。我是北京产权交易所的熊焰。产权市场源自中国，其设立的初衷，主要是为国企产权流转服务。而随着这个平台的逐步发展，由于它具有其他机构所无法比拟的综合优势，它逐渐成为政府与市场之间、投资人与项目方之间的一座桥梁。产权市场在传统的国资业务基础上,逐渐开拓了金融产权、知识产权、企业投融资等交易业务,以及矿权、林权、排污权等各类创新交易业务。

作为中国产权市场的领跑者,'国际化'是北交所今后发展的重要方向。近年来,北交所已加快了在国际上的布局:去年是意大利'米兰交易所',今年是东京的'日中产权交易所',今天是迈阿密的'美中产权交易所'。我们将搭建一个覆盖全球主要市场的企业并购网络。

北交所非常看重在美国的业务发展。而对美国的市场拓展,就先从迈阿密起步,美中产权交易所将逐步扩展到东部、西部的各大城市,逐渐将会有更多的加盟者加入。

中美之间的企业合作前景非常广阔。特别是在当前全球性的金融危机局势下,双方间产生了更多的合作需求,北交所希望能借助自身在国内的市场影响,推动中美之间的企业并购,从而造福两国人民,造福迈阿密。"

随后,熊焰、迈阿密市长、北交所副总裁梁雨和美中产权交易所总裁Selenda女士共同为美中产权交易所揭牌。揭牌仪式上,八个项目挂牌签约。

会后,美方为大家在露台上举行了充满热带风情的晚宴。此时的迈阿密,已是华灯璀璨。激情四射的迈阿密人,用流淌着中美洲情调的拉丁旋律释放着他们的活力,整个城市都洋溢着欢歌笑语。晚七点,熊焰一行离开市中心,匆匆赶往机场。窗外的迈阿密,晚风习习,树影婆娑,只有海水涌动在沙滩上的轻言低语。这座海滨城市,已洗却了刚才的热闹与繁华,宁静地伫立在月光之下。

参观联合国位于纽约曼哈顿的总部,是熊焰一行忙里偷闲的安排。

耿志红女士①接待了他们。

一进联合国总部大院，熊焰看到了那把"打结的枪"雕像赫然矗立在那里。雕塑是由卢森堡政府赠送，弯曲打结的枪管，代表着人类希望能放弃武器、实现永久和平的良好愿望。熊焰观至此，想起中国人民铸剑为犁的愿望，二者异曲同工，这是长久以来民众最大的期待。然而，自1945年联合国成立以来，六十年来尽管世界上的战争不断，如朝鲜战争、越南战争、中东战争、波黑战争等，但与20世纪的两次世界大战相比，这些战争还属于局部的、规模较小的战争。

经过简单的安检，办理证件，在耿女士的引导下熊焰一行首先来到联合国大会会场。大会会场是一幢长方形建筑，宽敞明亮，气派宏伟，每年的联合国大会都在这里举行。每个成员国不论国家大小，在会场内都有六个固定席位，代表们的座次按国名的英文字母顺序排列，每年依次轮换。熊焰在放松的状态下，三湘后人的一面就展现出来了，忧国忧民，细腻敏感，极易触景生情。他想到了1971年，就是在这里，第二十六届联合国代表大会恢复了中华人民共和国的合法席位，于是有了乔冠华在大会上的慷慨陈词和朗声大笑；三年后的1974年，也是在这里，时任国务院副总理的邓小平在"联大"第六次特别会议上，系统阐述了毛泽东"三个世界"的理论和中国的对外政策，第一次向世界说出：中国是一个社会主义国家，也是一个发展中国家。中国属于第三世界——"中国现在不是，将来也不做超级大国"。那一次演讲，世界为之动容。然而此刻，会场上正在进行厄瓜多尔难民问题的一般性辩论，会场中人不多，发言者似乎只是在程序性宣读拟好

---

① 耿志红，前文提及的高志凯博士的夫人，时任联合国同声传译员。

的稿件，太缺少打动人的情感。

接着他们来到了联合国安理会的会议厅。这个会场在新闻联播最后三分钟里"上镜率"非常高。会场跟电视上差不多，熊焰坐在会场中的中国席位上，一种自豪感油然而生，和许多游子一样，离开祖国越远，反而越想念她。参观联合国，就像完成了一个心愿，比较幸运的是，熊焰赶在联合国总部大楼翻修前到访，触摸到了这个第二次世界大战后全世界最重要国际舞台的原汁原味的形象和内在。离开时，熊焰回首联合国总部大楼，这座曼哈顿的地标性建筑怅然地矗立在那里，宏伟中流露着一种落寞。

2008年11月23日，应华人金融协会波士顿分会与哈佛中国论坛邀请，熊焰来到了这所位于波士顿剑桥城的著名学府。

初冬的哈佛红楼白窗、暖阳如沐。走在哈佛校园中，仿佛走进一个记录着几个世纪历史的天然画卷，人与历史交融在一起，古老而又动人。其实哈佛并没有真正的校园，这里没有围墙，没有门岗，不经意间就已走了进来。正是这一幢幢类似欧洲中世纪建筑的绯红色小楼让熊焰意识到已走进了哈佛，走进了美国的历史。

哈佛的校训是：真理。这也许就是哈佛能长盛不衰、哈佛人能够光彩夺目的原因吧。这所大学的盛誉毋庸赘言，但真正走进哈佛校园，走上哈佛的讲台，熊焰并没有之前预想的那种"走上神坛"的感觉，而是很平实，很舒服，与听众的关系很亲近。

演讲涵盖了四个主题：产权市场简说、北交所现状、中国私募股权投资或私募股权基金（PE）发展和中美企业并购。演讲约持续进行了一小时十分钟。演讲过程中，熊焰可以感受到听众们极为专注，期间无人走动。听众中有其他国家的学生，他们周围都有中国学生做小声翻译。

陪同人员后来告诉熊焰，哈佛的各种论坛非常多，哈佛学生经常可以近距离聆听到来自世界各地的最智慧的声音，这里已形成了一种演讲文化，听演讲也成为一种习惯。

演讲之后，开始了热烈又不失尖锐的互动问答。

听众：经济危机对中国有何影响？听说中国有大批企业倒闭，是否对中国经济发展产生重大不利影响？

熊焰：这次金融危机，中国不会独善其身。因为中国经济已融入了世界，中国的出口额占GDP比重达到了40%。这意味着在经济上，中国与贸易伙伴已经是你中有我，我中有你了。大家在同一条船上，风暴持续下去，船翻了各国都要受影响。这次国内的确有部分企业倒闭或停产，这些企业都以外向型企业为主。中国要进一步扩大内需，目前我们正在采取行动。自20世纪90年代以来，中国经济长期处于繁荣时期，还没经历过真正的经济危机，市场上存续的企业也良莠不齐。现在天冷了，那些没有技术、没有竞争力的企业会最先被淘汰，这也许并不是坏事。我相信冬天过后，树都会活下来。就像我们温总理在哈佛大学演讲时，所引用的美国著名诗人梅尔维尔在《麦尔文山》中的话一样："无论世界怎样变化，树木逢春便会绿叶招展。"

听众：应如何看待美国政府的救市行为？

熊焰：美国政府干预市场，突显出对金融危机的无奈。但这同时也说明了美国政策的灵活与务实。从20世纪20年代末美国发生经济大萧条后，政府对市场的主导策略就改变了，传统的对市场放任自由的经济理论被凯恩斯的政府积极干预理论所取代，由此西方国家才逐步走出危机。现在不过是当年的一个轮回，美国政府当然也应该出手救市。借用我国改革开放总设计师邓小平的逻辑就是，资本主义会有政府干预，社会主义也会有自由市场。但一定要明白，这是政府临时采取的紧急措施，不能看作一种常态。政府对市场干预得太多，市场就会失去活力。中国政府也是在经过几十年的摸索后，才总结出这一条规律。

听众：产权市场对留美人士来说有什么商机？

熊焰：产权市场犹如一个大商场，只不过卖的是一种特殊商品——产权。我们是开市场的，商家来租我们的柜台，商家就是各种会员机构：经纪会员、服务会员。他们为买卖双方提供具有针对性的市场营销方案和专业服务，以尽可能理想的价格把产权卖出去。这里面就蕴藏着巨大的商机。留美人士对国际市场非常熟悉，有一定的人脉资源和市场资源，而中国是一个巨大的市场，既有项目又有资金。大家可以充分利用自己手中的资源优势，到中国的产权市场拓展国际业务，把美国的市场机会带回到中国，中国的市场自然也会为大家留出机会。

听众：为什么要推动中国企业并购美国企业？

熊焰：中国企业在世界产业链中处于最底端，是"微笑曲线"最凹的那段，而且随着时间的推移，曲线的弧度也越来越大。作为"世界工厂"，我们以打工仔与打工妹的青春与汗水，不可再生的能源与资源的消耗，不可逆转的环境恶化，为全世界制造着数量巨大的消费品，却只获得了很低的收益，这显然是不公平的！尽管改变这种局面有很多种办法，如中外合资、技术换市场等，但这些举措对改变局面并无大益，中国只有入股欧美企业，到先进企业身边去学习，经过十年、二十年之后，才能真正有所起色。现在，市场出现了转机，美国的市场出现了问题，需要中国的投资，中国企业"走出去"的机会来了，这个任务开始起步，在座的大家都有责任。

听众：中国PE在此次危机中的境况如何？

熊焰：危机对PE而言是有弊也有利的。弊的方面：一是手头紧，现在PE手中也缺乏资金，主要是原来承诺的部分资金现在无法到位；二是退出难，全世界的股票市场都不景气，首次公开募股（IPO）暂时停止，PE投资缺乏有效的退出通道。利的方面：一是项目的要价低，以前投资一个项目花好多钱，现在很少的钱就能收购了；二是经此大难，整个行业变得更加清醒，更加冷静了。前车之鉴，为以后的行业发展提供了宝贵的经验。总的来说，危机对PE而言是利大于弊，现在是PE发展的一个好时期！

两个半小时，时间过得很快，演讲结束了，熊焰要马上赶去机场。听众很热情，围上来与熊焰交换名片，想继续提问，但因时间关系他不得不离开会场。

离开哈佛，熊焰心中有些许不舍，这一天的见闻很饱满，他很想马上分享给陈畅听。年少时没有机会在世界一流大学求学，真乃人生憾事。但他又一转念，失之东隅收之桑榆，收获现在的人生也不错。自己没上过世界一流大学，所以更要当个好校友，多为母校哈工大做事，如此这般，哈工大有一天成了世界一流大学，自己就是当之无愧的世界一流大学的毕业生了。

莞尔，又觉得自己的想法很无趣。

下一站，加利福尼亚。

加利福尼亚有很多引人入胜的地方：阳光海滩、金矿、唐人街、斯坦福……而对熊焰来说，这里最富吸引力的，还是位于旧金山附近的世界高科技产业摇篮——硅谷。熊焰必须要来这里参观，才不枉此行。

硅谷是科技精英云集的地方，这里有着全世界最多的创业者和高科技人才。同样，这里还有另外一个群体——风险投资者。一个又一个资本神话在这里轮番上演。"橡子园"里就聚集了这样的一帮人。

橡子园是一家创业投资公司，由几位原籍在中国台湾地区的专业人士在硅谷组建。据说，公司之所以叫"橡子园"，因为橡子是橡树的种子，橡子园作为一个创业企业的孵化中心，象征要把种子培育成材。橡子园像一个校园，在这里成长起来的企业，将来独立后，就像一个校园毕业的校友一样可以互相合作。

橡子园的合伙人陈五福、林富元、臧大化、龚行宪、王大成等人在华人创投圈里的名气很大。经朋友安排，熊焰与他们约定11月25日下午去参观，由橡子园派人开车来接。下午两点，橡子园的车如约来到熊焰住的饭店。开车的是一长者，夹克便装，轻逸儒雅。一递名片，熊焰吃了一惊：原来是橡子园的总经理、公司创始人之一王大成博士。

从旧金山市区到湾区（硅谷所在的地区）的车程大约为一小时。车上，王大成博士一边开车，一边讲述橡子园的发展史：橡子园最初是由毕业于台湾"清华大学"的几个人合伙创立的，台湾"清华大学"与现今的清华大学是一花两叶、同宗传承，都属清华大学的衣钵。橡子园投资了多个留美学生的项目，聊起来好几个熊焰还都知道。王大成介绍，中国的高科技产业是橡子园投资的重点，当时橡子园在中国的投资已经超过了10亿美元。橡子园十分注重对国内企业的人才培养。为了提高国内高级人才的技术水平，橡子园会从美国派遣2～3名博士级高级科技专家到国内，采取"传帮带"，由一个人带领国内的三名高级技术人员，这样基本上可在六个月内见到效果，十二个月就可以独立工作，两年后，这批受训者就可每人再带领三人。采取这种办法，国内企业就会快速发展起来。闻此，熊焰内心对这位企业家由衷佩服。

来到橡子园的办公室，熊焰与在硅谷的其他几个合伙人见面，臧大化、龚行宪和朱伟人。朱伟人是熊焰的老朋友。他是SUMA投资公司的创始人，自1997年起积极投资互联网和生命科学领域；他还担任美国加州伯克利大学中国国际校友会（BCAIA）会长，长期致力于推动美中跨境投资。龚行宪，在硅谷华人圈被称作"光纤创业教父"，他创立的光通讯元件公司SDL，曾以411亿美元的价格售出，投资报酬率达到一万倍。创下了当时全球最高并购交易金额的纪录。臧大化，橡木科技的创始人和董事长，带领橡木科技1995年在美国纳斯达克交易所上市，此外他所创立的Data Technology和Xe-bec，也分别在美国上市。能够结识这样一群人，熊焰感到很兴奋；与他们交谈，熊焰心中的火苗能一直燃着。

熊焰先讲明来意。这次美国之行，旨在推动中美之间的企业并购。作为一个"世界工厂"，中国处于世界产业链的最底端、微笑曲线最凹的那段；而随着市场的发展，曲线越来越下凹，我们用无数打工仔、打工妹的汗水和眼泪，换来了微薄的收入；用巨大的能源消耗和不可逆的环境污染，取得了极少的利润收益，而产业的绝大部分利润被拥有技术、品牌和渠道的欧美公司赚走了，为长远计，这种局面必须扭转。

王大成叹道，中国的产业链形状似乎不是"微笑曲线"，而是"苦笑曲线"。接着，其他几位合伙人为熊焰介绍了美国的IT产业状况：臧大化讲半导体，龚行宪讲光纤，朱伟人讲软件。这些都是他们精通并且做出过辉煌业绩的领域，因而讲起来犹如庖丁解牛一般，技术体系、师宗传承、优势劣势、发展前景说得一清二楚。会谈进行了一小时，因熊焰还约了其他事需要先走，而大家又觉得意犹未尽，于是约定晚上七点用餐时再谈。

晚上在餐厅，大家一举起杯，臧大化一饮而尽，主人既然如此豪爽，熊焰也当然不能小气，出生和成长在"酒品即人品"的哈尔滨，熊焰亦举杯见底。酒下肚,谈兴起,臧大化讲起了往事。

臧大化祖籍山东,生于辽宁,六岁时去了中国台湾,在日本读过一年中学。从台湾"清华大学"毕业后,赴美攻读硕士和博士,先搞科研,再搞投资,一路上虽也有过风雨,但最后往往都能红霞满天。臧大化对熊焰说,他挣钱的目的就是为了回馈社会。在他的主导下,公司近十年来坚持在中国大陆捐资助学,已在湖南、甘肃、四川等贫困地区捐建三百多所小学,为保证教学效果,他们还对这些捐建学校进行定期回访。

听君一席话,胜读十年书。熊焰感受到了志同道合,推杯换盏之间,他仿佛看到了一个金庸笔下的大侠活了过来。武功盖世、宅心仁厚、行侠仗义、兼济天下。跟这样的人聊天喝酒,通透!

最后喝到服务员下了逐客令,这场景仿佛不应该发生在美国,仿佛也不应该发生在这种关系、这种身份的交流之中,仿佛更不该发生在这个年岁。但人和人之间的缘分有时就是很奇妙,酒逢知己千杯少,只得相约北京再痛饮。

熊焰回国后,将他赴美期间接触的政界、商界、投资界人士的全部交流进行整理,在自己的博客上以"访美归思"系列和"并购欧美实体企业"系列为题,连续写了多篇文章,博友反响强烈。2008年12月,由熊焰执笔、并购公会十四名理事联署的《加大并购欧美实体企业步伐》一文呈报给政府有关部门并经媒体报道后引起很大社会反响和讨论。该文的核心思想后又成为并购公会的唯一提案内容,于2009年3月向两会提交。

而后,熊焰将自己的研究心得进一步整理完善成书,取名《中国流》,于2009年5月付梓。"中国流",源自围棋术语,是20世纪50年代中国棋手创造的一种布局方式,这种布局因能够迅速抢占大场而震惊国际棋坛。熊焰用作书名,寓指"中国式"并购。成书之时,中国对外开放已经30年,这30年正是中国企业与西方发达国家企业在产业链上博弈的30年。熊焰在书中通过案例分析的方式,为中国企业"走出去"提供了有益的参考。[①]熊焰邀请到龙永图与周其仁为书作序,数位知名人物推荐。有趣的是,周其仁先生在其序言中对熊焰的观点有所保留,并且留下了诸如"要谨慎了:倘若过于急切的产业升级把数亿农民工甩出工业曲线,搞得工不成,农不就,中国经济就不只是面临笑不长久的远虑,还会有立刻哭出来的近忧。"等非常犀利又诙谐的观点。更有趣的是,这些珍贵的内容一字未删,直接在序中原文展现。可见熊焰态度之从容,信心之优渥。

击缶而歌

北交所刚刚挂牌之时,产权市场还是个新兴市场,与证券市场等成熟业态相比还是一个小众市场,知之者少,参与者更少。北交所的横空出世让这个市场的舞台逐渐扩大了,北交所需要与当下定位相匹配的有效宣传和运营手段。著书立说是个不错的方式,但这是个相对专业的、小众的方式。接下来,熊焰和他的团队要策划、运作一系列典型案例,让国内乃至世界各国更多的人开始了解这个中国原创的新兴市场。

2008年的北京奥运会是个非常好的契机,国人对奥运会的关注度

[①] 参考资料:熊焰,《中国流》,清华大学出版社,2009年7月。

极高,尤其对开幕式赞不绝口,由2008个缶组成的倒计时数字变换的盛景,何时何地回想起来都让人心潮澎湃。熊焰一家时刻关注着奥运会。从奥运主题歌《我和你》好听不好听的争论到举世瞩目的刘翔退赛事件,那段时间熊焰家茶余饭后的谈资就是奥运。熊焰工作忙,没法守在电视机旁关注每一场比赛,陈畅看完比赛后会第一时间打电话告诉他;光光有次看比赛太过专注甚至差点儿错过了飞机。没有人在单纯看比赛,人们都是在这场盛会中观想自己。除了扬国威的大情怀和看热闹的小兴奋以外,熊焰还有自己的角度——为举办这场盛会所购置的各类物资,会后将会如何处理。一个人对工作太过专注往往就会"魔怔"了,每日所思所想全是跟工作相关的内容,别人看到的是漂亮的场馆和精彩的比赛,而熊焰看到的全是行走的"标的物"。果然,奥运会结束后,伴随着余韵回响,奥运资产的处置问题逐渐提上日程。

奥运物资是备受海内外瞩目的"知名物品",尤其是奥运缶,是直接赠送还是通过市场化处置,在当时是有不同观点的。赠送相对流向明确,处置时间短,相对简便;市场化处置相对烦琐,估值、拍卖等时间较长,最后究竟收益有多大,未知。北交所最初与北京奥组委接触时,奥组委最关心的一个问题是,通过产权市场处置奥运资产,到底会有什么好处?此时北交所已经有了成功处置实物资产的经验,熊焰与团队用产权市场的独特优势做了很好的回答。产权市场能够通过大规模、高强度的信息公开披露最大限度地发现投资人;能够通过完全公开的市场竞争来最大限度地发现价格。确切说,就是能够卖上好价钱。自然,拍卖公司也有这样的功能,也能通过市场来发现价格、发现投资人。但是产权市场的公信力、市场覆盖率与信息披露强度是任何一家拍卖公司都无法比拟的。这一点熊焰很有自信,把拍卖公司与北交所相比,二者不在同一量级。北交所在信息披露渠道、信息覆盖广度、深度和针对性等方面全都占优势。此外，北交所还可以与新华08网、路透社、桑贝尔特、Bloomberg等一批国内外的资讯巨头合作进行信息发布。故而无论拍卖公司如何努力，怎样刻意为之，它的信息披露力度都不可能与北交所比肩。资产信息经过高强度的披露之后，市场会发现足够多的投资人，当这些人聚在一起去竞逐那些单一的卖品时，物以稀为贵，价格自然就会上涨了。熊焰确信，这种经由市场发现的价格是任何一种评估办法都无法比拟的更真实有效的价格。

基于产权市场这种发现价格、发现投资人的突出功能优势，加上北交所自成立以来上万宗的交易案例实践而无一法律失误、国有产权的成交额比评估值增值30%以上的成绩，熊焰团队最终打动了北京奥组委。

北交所接受北京奥组委的委托，公开处置第二十九届奥运会的相关资产开了国际先河，即通过公开的市场机制来处置奥运资产。之前的多届奥运会，各主办国都采取简单的商业化模式进行资产处置，虽然其中也有通过拍卖公司进行处置的，但像中国这样以一种大规模的、公开集中的市场化方式进行的，北京奥组委算是先例。熊焰拿到的这单，不仅仅是生意，而是奥组委的信任、国人的重托。

确保资产的安全与交易过程合规，这是最低要求，这甚至已经不是熊焰的考虑范畴了。让资产在运作中实现价值最大化，这也仅仅是说得过去。这件事，熊焰要办得有激情，有态度，有情怀。这样一个千载难逢的机会，处置的是全世界都知道的物品，不做得轰轰烈烈，愧对整个产权市场的殷殷期盼。

北交所拿到奥运资产处置权后，消息不胫而走，许多记者给熊焰打电话，希望获得更进一步的信息；也有意向购买者直接致电熊焰询问购买方式和购买条件。由于话题敏感，北京奥组委对此保持谨慎，熊焰也未对媒体多说什么。但奥运物资处置自带话题和流量，让北交所迅速成为各界关注的焦点。很多媒体在报道北交所处置奥运资产时，都特别提到了"姚明的床"，以及"刘翔用过的电器""罗格乘坐的汽车""开幕式上用过的乐器"甚至"张湘祥赛后吻过的杠铃"等等，并说将有"33大类、2 000万件奥运物品"会在北交所进行公开处置。其实，媒体报道中提及的这些物品和数据是不太准确的。媒体多是出于公众兴趣所在，采用一种吸引眼球的手法进行报道，这只是一种猜测，而非北交所官方、更非奥组委官方的说法。为此，熊焰通过私人博客的形式，在北交所尚未正式披露信息前，向公众回应和说明，为北交所的拍卖预热。

媒体中提到的"33大类、2 000多万件奥运物品"，指的是奥运资产的全部，不是将要在北交所处置的数量。在所有的奥运资产中，只有一部分属于北京奥组委。即便是所有权属于北京奥组委的资产，也可采用赠与、租赁等其他方式进行处置，而并非要全部采取公开拍卖。故此，只有那些属于北京奥组委的且准备公开市场化处置的资产，才会到北交所来交易。届时，北京奥组委会分期、分批把拟公开处置的奥运物品清单交到北交所，由北交所向媒体公开。所以只有在北交所官方网站中公布的数据，才是最准确的奥运资产处置数据。

北交所将进场处置的奥运资产分成了三大类，包括一般类、专业类和收藏纪念类。一般类物品：包括奥运会使用过的各类家具、白色家电等物品。专业类物品：包括奥运比赛中使用过的各类体育器材等。收藏纪念类物品：包括各类艺术品、专用表演道具等有纪念意义的物品。这三类物品有可能会彼此转化：比如某个一般类物品，如果被特殊人使用过，经过公证部门的公证，就可能成为一件收藏纪念类物品。前述媒体所热议的"姚明的床""马琳比赛用的球台"等物品就归属此类。如果这些物品要进行市场化处置，在经过公证之后，信息就会通过北交所的官方渠道发布出去。

站在北交所角度上看，我们也希望看到能有一些体现奥林匹克精神、富有纪念意义的奥运物品进场，从而为社会留下更多人文的、历史的、彰显时代精神的印记。同时，也可以为北京奥组委卖出更好的价钱，实现资产处置的价值最大化。北交所会在北京奥组委的统一安排部署下，以专业的市场工作水准、专业的服务理念和精神，为这些奥运资产的处置提供"一站式服务"。[1]

北交所的奥运资产处置工作尚未对公众正式开始发布具体交易规则，其影响力已经逐渐扩大。2008年8月29日上午，北交所接到了澳大利亚使馆来电，对方称该国代表团参加奥运会时带来了很多物品，希望北交所能帮其进行市场化处置——这可以视作北交所开展奥运资产处置工作所带来的副产品，足见社会之关注度和影响力。

奥运资产处置的高潮无疑是开幕式道具"缶"的拍卖。

拍卖之前，市场中还存在许多的不确定因素，熊焰和团队要做到实时掌控，迅速应对。市场对"缶"能有多高关注度，拍卖是否会引起市场的积极响应……这些其实是未知的。毕竟奥运会已过去半年多了，人们对"奥运"概念的关注度会有所降低，时间点上已非最佳拍卖时机。同时，当时正处于经济危机的严寒中，市场一片萧瑟，曾经炙手可热的房地产、金融股权等产品产权，当时都已经风光不再，价格一跌再跌；而"缶"这种象征意义要大于其使用价值的特殊商品，在这种情势下处

---

[1] 节选自熊焰新浪博客《奥运资产处置》，2008年9月1日。

置，会受到多大影响也很难判知。此外，1 500个"缶"如何卖也是个问题：是整批卖还是零散卖；分一场卖还是多场卖；线上卖还是线下卖……所有这些问题每天萦绕在熊焰的脑海。"周全"二字说来简单，但周全的实质就是费尽心思。熊焰思前想后夜不能寐，万一大家嫌贵，没人来买，岂不会很难看。于是安排工作人员联系、动员一些有实力的机构前来帮忙站场，以防万一。

熊焰和团队以一种"系统性组织，专业化操作"的思路将工作稳步向前推进。"缶"的处置作为奥组委赋予的一项"特殊使命"，需要熊焰站在政治高度上，如履薄冰，一丝不苟，不出差错地完成。举办这样一场规模庞大、影响广泛的拍卖会，对北交所来说既是一次机会，也是一次挑战：从宣传、布展、接待、登记到拍卖组织、现场布置等，整个过程不啻是一次大的系统工程。由于第二十九届奥组委授权北交所处置"缶"的时间不足一个月，又恰逢全国两会召开期间，在这样一个时间、这样一个地点，举办这样一次特殊物品的拍卖会，对熊焰与北交所来说是一次实力与能力的综合性考验。

为了更加深刻地挖掘"缶"的文化价值与现实意义，实现资产增值，熊焰特地邀请他的表兄易中天教授来到北交所，做文化策划，制定文化宣传策略。易教授给出了非常独到的角度，道出了"缶"独一无二的文化内涵——这是全世界人民都认识的器物，在这件器物上蕴含着"礼""乐"等中华文化，它反映了我国自古以来的礼乐文脉传承，是价格在万元左右的馈赠佳品。经过易教授的指导，大家恍然大悟，是啊，当今时代，一万块钱能送点儿啥？眼前的"缶"确实是个不错的选择！北交所即将要拍卖的不是一个简单的古代礼乐道具的仿制品，而是蕴含丰富文化元素的举世皆知的名品。

北交所在短时间内做大量准备工作：前期市场调研、聘请专家顾问，从市场反馈回一手的信息后再进行统计分析，制定出最合理的运作方案；中期市场宣传，考虑最合适的传播渠道，争取有效覆盖所有的潜在客户；最后确定有效率的处置方式，争取让更多的人能参与进来。此外还有报名方式的设计、上千笔资金的进出、"缶"证书的制作和加密、产品的布展等，所有细节问题都要考虑进去。经过认真调研与周密安排，北交所确定了线上与线下相结合的拍卖方式，将拍卖分成三场：两次现场拍卖，一次网络竞价拍卖，以满足不同购买人群的需求。北交所的"金马甲网"网络竞价系统，通过制定完善的竞价规则、全面的技术方案和严密的安全防护措施，进行了一次史无前例的网络竞价活动。外地竞买者只要有一台连接着互联网的计算机，经过在线注册、保证金缴纳、账户激活等简单的前期准备后，就可以在任何地方参与网络竞价了。

现场拍卖的报名快接近尾声之时，更"烫手"的问题出现了——报名人数远远超过预期。场地的限制、安保的压力等问题又浮现了出来。报名的人都已经交了保证金，不让人家进来是不行的。无奈之下，熊焰只好把之前找来站台的机构和朋友再一一好言劝退。并表示虽然不能来拍卖现场，但是网上竞买依然有机会购得标的物。

终于，一切辛苦没有白费。2009年3月8日的第一次现场拍卖会吸引到439人报名参加——这在产权市场中是一个破天荒的数字。为了能容纳这么多的竞买人，北交所第一次把三楼交易大厅中间的会员席位全部拆掉，换成了折叠椅，让四百多个竞买者在这个有"产权市场第一厅"之称的地方公开公平地同场竞技，来认知和感受这个中国新型资本市场的气氛与魄力，也让这块地方在那一天为更多人所知，成为中国乃至更大范围的瞩目场所。中央电视台财经频道表示可以现场直播。现场直播的宣传效果当然最好，但这就需要极强的控制力，确保场内秩序井然。熊焰向西城区公安局求助，公安局衡量兹事体大，当天派出20多名警察到现场巡查。现场按照首都机场过安检的规格，在入口处实施严格安检。熊焰当时心里没底，希望通过这种方式能够震慑不法之徒，以免在拍卖现场出现寻衅滋事等突发事件。

万事俱备，2009年3月8日第一次现场拍卖前夜，熊焰和陈畅讨论奥运"缶"最高能卖什么价。熊焰认为人民币五万元差不多。陈畅向来比较保守，对于一点就着的熊焰，经常兜头一盆凉水让他保持清醒。这回也是一样，眼看着连日来为了拍卖会"走火入魔"的熊焰，陈畅直言——"五千我都不买！"嘿！熊焰非得跟她杠上不可，那就打个赌吧。"明天单个缶最高卖价超过六万则我赢，不到六万则我输！"夫妻二人的赌注有惯例，输的一方要请另一方吃饭，并且不能低于一千元。

2009年3月8日上午九点，开始拍卖时，熊焰作为现场总指挥，站在四楼平台上，手拿无线麦克，紧张得喉咙发干。大厅聚集的人太多了，气氛太热烈了！竞买人达439人，媒体50多家，摄像机架满后半场。当女拍卖师申艳彬介绍完第一包十面缶的编号和情况，说到起拍价为一万一千元时，场内的空气都快凝固了；当说到"开始！"时，大厅里顷刻如海浪涌起，几乎所有人同时举起了号牌！随着手举锤落，第一包十面缶总价人民币六十六万元。熊焰在如此紧张和激动的时刻都没忘了给陈畅打电话——"晚上请客吧！"

半小时后，原来预期几千元能买个缶的人陆续离场，秩序更加井然，熊焰紧绷的神经才略有放松。这次拍卖在近乎爆棚的氛围中，创下了中国产权市场上拍卖持续时间最长、竞买人数最多、竞价轮次最多、溢价率最高四个纪录。

随后,在2009年3月15日举行的网络竞价中,来自全国各地的近五百多位竞买者通过互联网异地登录到"金马甲网"的网络竞价系统,进行"同时-异地"网络竞价。在经过26小时的上万次累计报价后,起拍价为每只1 300元的缶,最高成交价达到了28.8万元,90只缶的单只平均成交价达到了14.26万元。

最终,三场拍卖活动均取得圆满成功。包括1 500个缶和978个竹简在内的奥运会开幕式道具全部处置完毕,合计成交额达到1.19亿元人民币。其中奥运缶的评估值总计为106万,最后成交额为1.06亿元,溢价幅度达到100倍;奥运竹简的拍卖增值率更是超过300倍!北交所向奥组委交上一份满意的答卷。熊焰也感到畅快淋漓。

这次注定要载入中国产权市场发展史册的拍卖活动,为中国产权市场赢得了荣誉,让产权市场这个中国创造的新形态资本市场第一次走进全球视野,成为社会大众关注的焦点;拍卖也提振了中国资本市场的信心,给笼罩在世界经济危机云雾下的中国资本市场带来一丝亮色。这也印证了熊焰一直以来的思考——看似饱和的市场中实际蕴藏了大量的潜在的消费需求;看似已经没有市场份额的行业,后来者仍有机会。关键是能否找到"点火的钥匙",或是找到一条正确的引导途径。只要方向正确,方式方法得当,一切皆有可能。

/ 开 枝 散 叶

有了良好的社会认知和积极的市场环境,铺垫得差不多了,按照北京市政府的整体部署，熊焰开始了积极的扩张战略。考虑到市场的成熟度和现实的需求，加上熊焰自身在中关村的工作经历，筹建技术交易所被提上了日程。这是熊焰一直以来的夙愿——把中关村技术产权交易所变成中国技术交易所。

熊焰经过长期的研究发现，中国技术转移和科技产业化存在着重大的制度障碍。如果某国有科研机构做出了一项重大发明，当事人（教授、研究员、研究团队等）得不到什么利益，因为该发明属于国家，当事人对技术转移没有太多积极性。技术不像一杯矿泉水、一个苹果那样，只要权益让渡了就会产生价值。它是一种特殊的商品，必须融合在生产制造过程中，才能产生新的价值，进而产生技术进步、推动产业升级。在融合的过程中，如果没有当事人的努力，技术事实上是转移不出去的。这种激励的缺失是中国很多国有高等院校和企事业单位产业效率低的重要原因。

熊焰以"863"项目为例分析研究。如果只是简单地规定"863"项目是国有资产，那么项目成功了理应交给国家。科研人员不会有积极性考虑科技成果的商业化，他们没有积极性，科技转化不可能成功。明确说，从法律上讲它是国有的，但它离不开当事人的创造性劳动，因为科技项目本身并不能保证成功，开发成功了就说明这其中有创造性劳动。给创造性的劳动予以报酬和肯定，在法理和现实上都说得通。研究至此，这扇门找到了。

熊焰团队的想法是循项目端把股权激励往前推，用专业的研究评估，保障当事人的收益权，甚至还可以在产业化后再对当事人进行奖励，激励老教授、科研人员的科研成果转化积极性。当前中关村的政策是立足于转制的科技型企事业单位，对管理团队进行股权激励。

而熊焰和团队要做的技术交易市场是把股权激励再往前，即往项目端推。方案至此，开门的钥匙有了模样。

技术交易市场如果想做成，第一需要先行先试的制度环境，第二需要在国有科技项目资源最丰富、最集中的区域。熊焰放眼望去，中关村最合适不过了。首先，北京是中国科技资源最集中的城市。2018年北京市的合同交易额高达1 027亿元人民币，占全国技术总交易额的38%，已连续多年名列全国第一，在北京的技术市场成交额中，中关村占了70%。2019年3月13日，国务院做出了创建中关村国家自主创新示范区的重大决策，中关村完全具备做技术产权交易的政策环境。[①]而且，熊焰的想法与中关村的发展战略及北京的产业布局不谋而合。

文章本天成，妙手偶得之。

2009年8月13日上午，我国第一家全国性技术交易机构——中国技术交易所在北京清华科技园揭牌。熊焰担任中国技术交易所董事长。揭牌仪式当天，时任中共中央政治局委员、北京市委书记刘淇，全国政协副主席、科技部部长万钢，北京市委副书记、市长郭金龙，国家知识产权局局长田力普以及来自科技部、国家知识产权局和北京市的相关领导共300多人出席仪式。在备受瞩目的揭牌仪式现场，熊焰谈到了中国技术交易所的设计初衷和业务布局。中国技术交易所将充分发挥技术市场配置科技资源的基础性作用，通过整合积聚技术资源、创新技术交易机制、完善技术交易制度来提高技术交易效率，促进科技成果的转化。业务将主要循着"技术、产权、交易"这三个维度展开——以科技资源整合建中国较大的齐全的技

---

① 材料参考：《中国技术交易所的三维空间》，熊焰著。

术资源平台、以技术产权化推动技术要素的价值确定、以技术交易实现技术资源的流动与价值升值。在股东架构上，中国技术交易所成立伊始由北京产权交易所有限公司、北京高新技术创业服务中心、北京中海投资管理公司三家机构发起，注册资本两亿元，下一步将引入其他战略投资机构，中国科学院国有资产经营有限责任公司当时已确定成为第四家股东。

与其他地方性的技术交易平台相比，中国技术交易所贵在创新。熊焰团队的设计方案，一定要有巧思。中国技术市场尽管已运行近20年，已经有了相当的交易规模，但该市场却一直处在"一维空间"中，只是从"技术"这一个维度进行线性发展，因而发展速度缓慢；而相比之下，中国技术交易所的业务方向延伸到了"三维空间"中，从技术、产权、交易三个立体的维度进行系统拓展。

中国技术交易所，简称"中技所"。这回，"中"字就是中国，再没争议了。于熊焰个人的职业生涯而言，这仅仅是个序幕，好戏即将轮番上演。

得 意 之 作

熊焰的人生中，能称得上是得意之作的，除了光光以外，北金所[①]也可谓是其中之一。

北交所自成立以来，陆续投资设立了近十家不同门类的交易所，如此扩张的态势，得到了媒体和业界的高度关注。炙手可热的熊焰，处在

---

① 北金所，指北京金融资产交易所。

事业的巅峰状态，但他依然冷静清醒，突飞猛进的业绩和外界的褒扬并未带给他虚荣与浮夸，创业的甘苦与守业的艰辛蜿蜒盘旋，人在旅途仿佛一个个轮回，千山万水，银河九天。

尽管北交所的规模越来越大，交易品种越来越多，但熊焰没有让具体的业务拖住手脚，他总是在考虑北交所五年以后、十年以后的事情，孜孜不倦地去研究和开发新项目，如知识产权、碳排放、黄金交易、矿权交易等。熊焰很舍得花资金、花精力去开发这些新项目，可能有一些在两到三年内都不会有明显收益，但熊焰就是特别能坚持，他坚信，对的事情会随着时间的推移变得越来越对。

当时中国已经发展出了庞大的金融体系，金融资产总量达到约人民币130万亿元。熊焰已然注意到，如此巨大的金融资产中，除股票、部分债券与公募基金外，绝大多数的金融产品在设计时都没有流动性安排。比如当时中国超过60万亿元人民币规模的信贷资产基本上是持有到期不能流动的，这是一个巨大的浪费。金融资产总体上讲是属于全体公民的资产，只有让它流动起来才会给社会带来巨大价值。北京地区金融资产当时占据全国的一半以上，金融业已经成为北京市支柱产业，在地区生产总值中的占比达14.3%。北交所代表北京市政府逐步完成了首都要素市场的布局，但金融类交易所仍是空白。空白就是熊焰的方向。中国经济的快速发展离不开要素的金融化。北交所作为北京乃至全国要素市场建设的重要力量，某种程度上正在做着类似金融机构的事，熊焰已然觉察，无论是否愿意，金融化是必然的趋势，自己和北交所必然会参与其中。但参与的形式和程度，熊焰没有过多的遐想和预判。

但在这之前，他已经在金融资产交易领域有了布局和突破。2003年，北京产权交易所建设了中国首家"金融资产超市"，联合四大资产管理公司和国有商业银行共同进行金融不良资产的处置，熊焰执掌北交所后，进一步拓宽了业务，增强了其品牌效应。"金融资产超市"逐渐成为包括不良资产处置、金融国有股权交易和并购贷款服务等业务在内的全国影响力最大、交易量最高的金融资产交易平台。熊焰与团队的探索甚至在一定程度上推动了政策的出台。金融资产业务原本只是产权市场的一项"创新业务"，它不在国资委"3号令"的荫惠范围之内，没有强制进场政策的保障，因而业务开展需另辟蹊径。在熊焰的推动下，北交所不懈努力，终将蹊径变通途，后来者有了参照的脚印，走在金融资产业务大道上的人越来越多，金融资产业务的主管部门也开始关注起产权市场这一新型资本市场平台，并渐渐认可了它的价值功能所在。2008年7月，财政部《金融资产管理公司资产处置管理办法》出台，要求1 000万元以上的国有金融资产交易必须进场；2009年3月，《金融企业国有资产转让管理办法》（业界称"54号文"）正式出台，明确非上市国有金融资产的转让必须进场。至此，产权市场金融资产业务完成了它的政策嬗变，几年前还在艰苦探索的创新业务，变成了后来产权市场上的成熟业务、骨干业务。而后，产权市场金融资产业务走过了长征，到达了陕北，而远非革命成功、万事大吉，这仅仅是一个新开始。熊焰也意识到了，后面的路十分漫长，甚至会更加坎坷。

在盘旋胶着之中，2008年国际金融危机的爆发，对产权市场金融资产业务造成了巨大冲击。2009年4月，最高院下发《关于审理涉及金融不良债权转让案件工作座谈会纪要》[①]，明确提出地方政府对金融不良债权可行使优先购买权。这一政策直接影响了不良资产在产权市场的交易积极性，

---

① 《关于审理涉及金融不良债权转让案件工作座谈会纪要》，业内称"海南纪要"。

一路涨停的金融资产交易业务开始掉头俯冲直下；北交所处置的金融不良资产规模也来了个过山车，从2008年的1 182亿元人民币急跌至2009年的323亿元人民币。熊焰当然知道所谓"前途光明道路曲折"的普遍规律，但他没想到金融资产业务的冬天来得如此之快。北交所此时已是业界的领头羊，熊焰不撑住，队伍就没法走了。北交所的担子很重，产权市场的金融资产业务需要继续长征，熊焰与北交所需要在煎熬中拓宽思路，继续前进。

随着2008年12月银监会《商业银行并购贷款风险管理指引》的下发，熊焰找到了金融资产业务拓展的一条新路。2009年1月6日，北交所与工行北分、北京首创举行《并购贷款合作框架协议》签字仪式，完成了产权界"并购贷款第一单"，至此，开展并购贷款合作又成为产权市场新的主力业务，各产权交易机构纷纷开始与金融银行机构合作，积极进行并购贷款业务的拓展。截至2009年，北交所已累计处置各类金融资产达3 300亿元人民币，业务量占据中国国内同业市场的80%。熊焰将北交所的金融资产业务发展描绘成一条河流，起源很细，越走声势越大，最后成为一条磅礴的大河。①

唯有自己先打开一扇窗，上帝才会洒入一线光。

2010年春节前夕，北京市的金融工作会议上，北京市金融局领导告诉熊焰："北京金融交易所筹备工作已经就绪，到时候你要参与进来。"2010年3月，熊焰出任筹备组副组长。到5月临近北金所挂牌的时候，他被告知出任董事长一职。几天后，时任北京市政协副主席黎晓宏找熊焰谈："把其他工作放一放，准备担任总裁一职，全力主抓北金所工作。"又是临阵受命。熊焰并非金融专业出身；在北交所之前的分

---

① 资料引用：熊焰，《探寻金融资产业务的蓝海——〈金融街十七号〉篇首语》。

支机构中，熊焰的任职均为董事长，北金所董事长兼总裁这一任命宣布后，他的内心是有几分惶恐的。诚然，北京市政府有关领导做出这样的决定是有一番道理的。熊焰多年来"摸石头过河"，已经积累了一整套产权交易的战略策划、风险管理、人才管理的经验；同时，熊焰的胆识、谋略、人格魅力此时已在业界有口皆碑；最重要的是，金融对一个国家来讲太重要了，作为中国金融资产密度最高的北京金融街，在这个地方坐上北金所的第一把交椅，除了卓越的领导才能和高超的专业技能，久经考验的、对事业忠诚的人是上选。所有这些要素和条件组在一起，成像就是熊焰。

熊焰知道金融资产交易是个专业性很强的工作，自己尚在学习之中，不想搞出"外行指挥内行"的窘态。但现实的需求将他推到了这个位置，他是不二人选。虽然市政府有关领导已经明确表示，要他放宽心，大胆去干，金融业务有人具体负责，他只要负责"把握方向、带领队伍、控制风险"。熊焰深知这份职责的分量，他判断中国资本市场即将出现新一轮机遇，在其位则谋其政，任其职必尽其责。这一年，熊焰54岁，他确定要在资本市场中搏上一把。

为什么熊焰总是能得到他恰巧想要的机会？

2010年5月30日，北京金融资产交易所成立揭牌仪式在金融街国际会议中心举行。时任北京市市长郭金龙、中国人民银行副行长刘士余共同为北金所揭牌。时任北京市常务副市长吉林、北京市政协副主席黎晓宏等市领导及相关部委领导出席仪式。①

北金所成立后，业务包括金融产权交易和金融产品交易两大类型。

---

① 参考资料：北京金融资产交易所大事记，北京金融资产交易所官网https://www.cfae.cn。

在熊焰的统筹规划下，北金所接过北交所原有金融国有股权和不良资产交易业务，并在此基础上开展业务创新，根据市场上不同类型金融资产的流动需求，分别组建了信贷资产交易平台、债券交易平台、信托资产交易平台、保险资产交易中心平台、金融国资交易平台和PE交易平台六大业务中心，迅速构建起了一个丰富多彩的业务体系。熊焰要打造一个公开的、竞争的、电子化的、中立的、有监管的第四方交易平台。

2010年6月9日，中国产权市场有史以来挂牌金额最大的股权项目——中信证券股份公司持有的中信建投证券公司45%和8%两笔股权在北金所公开挂牌转让[1]。两笔股权评估值总计高达85.86亿元人民币。同日，北金所成立后第一单业务——华融120亿元人民币金融资产正式挂牌。北金所一鸣惊人，在成立当年就能够维持正向运转并实现了盈利。

北金所的建立就是为中国现存的金融资产尝试提供流动性，熊焰要在这个领域上做改革与实验。与西方"自下而上"的金融创新不同，中国的金融改革只能是"自上而下"，要经过监管层的审批后才能产生。与美国等西方国家金融创新过度、衍生过度、监管不足不同的是，中国恰恰是创新不足、衍生不足、监管过度。熊焰实质上处在这样一个困境下，他必须要搞一点儿试验田，在现有监管的框架下做金融创新试验。当时的北金所，和业内响当当的金融机构比起来，属于草根出身的后起之秀，正因此，熊焰要让北金所更接地气，要以更加诚恳甚至谦卑的心态向各类金融机构学习，紧扣市场、紧扣需求。熊焰的初始想法是要把北金所打造成中国金融市场化创新的试验田。熊焰分析过我国传统的金融业，在分业监管方面，银行、证券、保险、信托、理财都是各做各

---

[1] 参考资料：北京金融资产交易所大事记，北京金融资产交易所官网https://www.cfae.cn。

的，没有实现跨行业。既然要创新，那么熊焰给北金所的定位是——只要市场需要或者能够推动市场健康发展，其产品和服务都是北金所开拓的对象。在这种设计理念下，北金所的交易品种几乎是无所不包，这样就将北金所跨业全牌照金融交易平台的最大优势体现出来了。随后，北金所提出开展"融资工具集成商"服务，利用自身的资源优势，聚集各类金融产品提供商，根据企业融资需求和市场实际情况，制定融资工具标准，为企业提供最适合的融资路径和融资产品选择，真正将北金所打造成融资服务市场中的一流品牌。熊焰所有的制度设计和产品创新的共同目的是提供通道，让各类金融资产高效流动。

知己知彼，百战不殆。然知彼易，知己难，尤其是以发展的眼光、在运动变化中做到知己更难。熊焰此时很清楚北金所必须要走金融创新之路，这是北金所赖以生存和蓬勃发展的王牌。对于这张王牌中的独特优势，熊焰成竹在胸。北金所脱胎于产权市场，它当时的金融国资业务就是从北京产权交易所剥离而来，北金所与北交所的这种关系恰恰是北金所的独特优势。熊焰当然很善于利用这种优势，在顶层设计之中，北交所集团和下辖的产权交易所之间形成专门的业务协同机制，无论是创新还是服务，均可做到协同作战。中国技术交易所和北金所共同打造"融资产品包"，其中一款刚付诸实践的"中关村1号"产品，就是"VC+贷款+担保"的组合，适用于拥有核心知识产权、刚刚摆脱成长危险期，但成长速度快、信用评级及格的企业。诸如此类明星产品，熊焰与团队孜孜不倦地研发与创新。[1]

因承载了北京产权交易所在产权市场中的成功经验和多年积累的

---

[1] 参考资料：孙春艳、艾亚，《为金融资产流动提供第四方交易平台》，《国际金融》，2011年11月。

巨大客户资源，以及各级政府的信任和大力支持，北金所自成立以来，中国人民银行、中国银监会有关领导就多次到北金所调研指导，并明确表示对北金所发展的支持。2011年3月，北金所与中国银行间市场交易商协会签署合作备忘录，成为"中国银行间市场交易商协会指定交易平台"，这意味着中国金融市场第一次实现了"跨业金融自律组织"与"跨业金融交易平台"的战略性对接。根据双方合作协议，中国银行间市场交易商协会支持北金所参与金融市场产品创新研发，并利用北金所平台进行创新产品与融资工具的发行交易；同时积极引导、鼓励该协会相关会员进入北金所开展相关金融资产交易业务。同时，北金所已成为财政部指定的金融国有资产交易平台。不到一年的时间，熊焰带领北金所，冲上了汹涌的潮头。

潮头之水能载舟，亦能覆舟。掌舵之人除了一身技能，更要会审时度势。只识鼓帆拉桨，不懂拒绝诱惑，不会适可而止的人，难以胜任。熊焰的金融创新，在推行之初，就设置了底线。这既是金融业风控法规的要求，也是熊焰对自己、对北金所的要求。熊焰判断，北金所是当时中国产权交易圈中对弱势群体保护最为有力、底线也守得最牢的一家。北金所的六大平台实际上是一个公共交易平台，信用是北金所的生命线。金融市场实际上是一个利益胶着的地方，也是配置风险之地。熊焰带领团队爬陡坡、涉险滩，责任重大。熊焰要求包括北金所在内的所有北交所集团成员，每上一个项目都须进行严格的可行性评估。在对风险、收益等各项指标进行过充分的、深入的比对后，最后才由守在底线的"看门人"——一把手熊焰点头，项目方可上马。形势复杂、变化莫测，金融创新的边界和前面的路在哪里，熊焰是判断不了的。但是熊焰知道底线在哪里，大海航行中，他是那个下达收帆命令的人。

2011年底,凤凰网、《21世纪经济报道》和中央人民广播电台经济之声主办了"2011年度华人经济领袖盛典"。盛典公布了2011年度华人经济领袖获奖名单,历经层层角逐,李东生、郑永刚、俞永福、徐和谊、周海江、熊焰、周鸿祎、刘强东、薛蛮子、刘明康十人荣膺2011年度华人经济领袖殊荣。

/ 熵

真正使北金所一跃而起、从同行业竞争中脱颖而出的,是2011年与工商银行合作开发的委托债权投资业务(简称"委债业务")。这一业务的异军突起,奠定了北金所在专业化金融资产交易机构中的领军地位。[①]

作为一种创新型的直接融资形式,委债业务是将蓬勃发展的居民投资需求与实体企业的融资需求进行有效对接,推进了商业银行从高资本消耗型向资本节约型业务模式转化,该业务的诞生在一定意义上顺应了利率市场化、金融脱媒化的趋势,也成为北金所向类标准化金融产品交易市场进军的一次成功尝试。

2012年,北金所总成交金额为6 378.49亿元人民币,同比增长271.70%,这其中的大幅增长都来自委托债权投资计划,其2012年的交易金额达到5 873.58亿元人民币。同年A股IPO募集资金总额仅为1 017.93亿元人民币。[②]创造了如此高的流动性,北金所声名鹊起之

[①] 资料参考:熊焰,《北金所转型升级进行时》,《英才》杂志,2015。
[②] 资料参考:王申璐、郑斐,《委托债权交易爆棚背后》,财新《新世纪》,2013。

时，也进入了央行与银监会的监管视野。

当时，北金所的成功经验得到市场认可，这种模式迅速被更多的交易机构复制，全国各地在短期内先后出现了十几家"金融资产交易所"。不仅仅在金融市场，在大宗商品、文化产权等其他市场，"交易所热"席卷全国。这其中有像北金所一样稳扎稳打、运作规范的交易机构，当然也存在一些过于激进，甚至有内部人控制、关联交易等损害投资人权益的行为，触犯了监管的红线。熊焰身处这个行业，每天看到各种利益的博弈，每个买者都想得到低得不能再低的价格，每个卖者都想得到高得不能再高的价格，这其中的利益纠结和挣扎非常尖锐。

2010年底，著名的"中原纳斯达克十日游"上演，让业内外人士大开眼界。当年11月，国家区域性（河南）中小企业产权交易市场在郑州开盘，作为解决中小企业融资难题的手段之一，被称作"中原纳斯达克"，其制定的投资游戏规则与沪深大盘几乎一致。然而开盘后，股价便失去了控制，个股涨幅大多超过100%，有的甚至达到200%、300%，灵宝金业更是以1 120%的涨幅"惊艳四座"。仅过十日，交易便被紧急叫停，后来被要求修订规则全面整改。步其后尘的还有产权交易所的"同宗兄弟"文交所。那些年文交所的火爆着实让人瞠目结舌，在各种游资的炒作下，一幅普通画作竟然能炒至上千万。而后文交所也落得一个全面暂停审批的结局。①

公司的业绩、个人的前程、团队的方向、同行的竞争、变幻莫测的政策环境等各种因素，各种假象，乱花渐欲迷人眼。在熊焰心目中，受托责任高于一切，既然阀门握在自己手里，无论什么样的压力都不能

---

① 资料参考：李冬杰，《北交所动态平衡术》，《英才》杂志。

成为越界的借口。万不可急功近利，万不可因小失大。熊焰脑中的弦绷得很紧，北金所坚持"不做标准化产品交易""不面向普通公众"的底线，未越雷池半步。

树欲静，风不止。处于雷霆旋涡中的北金所，难以独善其身。

国务院2011年11月正式下发《国务院关于清理整顿各类交易场所切实防范金融风险的决定》（国发〔2011〕38号）（简称"38号文"），正式开始在全国范围内对各类交易场所进行清理整顿。2012年7月，国务院办公厅又发布《国务院办公厅关于清理整顿各类交易场所的实施意见》（国办发〔2012〕37号）（简称"37号文"），明确清理整顿各类交易场所工作由证监会牵头的部际联席会议领导下展开。

正值业务开拓关键期的北金所遭受池鱼之灾，清理整顿交易场所带来了意外的"身份尴尬"。国发"38号文"与"37号文"，明确提出"从事保险、信贷、黄金等金融产品交易的交易场所必须经国务院相关金融管理部门批准设立"。而北金所的设立并未经一行三会监管部门正式批准，属于"地方性"平台，如从国务院的相关文件看，从"出身"角度上说，北金所要想从事更高形态的标准化金融产品交易几乎没有可能。同时，"38号文"及"37号文"还规定，各类交易场所不得将任何权益拆分为均等份额公开发行、不得采取集中竞价和做市商等集中交易方式进行交易、不得将权益按照标准化交易单位持续挂牌交易等。这些规定也使得北金所不能通过进一步推进交易机制和交易模式创新来提升现有金融资产的交易效率。

金融产品交易难以涉足，交易机制创新无法开展。在严格监管的市场环境中，缺乏金融管理部门的业务授权，几乎无法通过交易所清理整顿的验收，这已经成为北金所向前发展的重大障碍。诸多创新业务的受阻以及"38号文""37号文"的颁布都清楚地告诉熊焰，仅凭现有资源和满腔热情，无法生存和发展。熊焰竟有今日，仿佛如同一场梦。北金所已然被掐住了喉咙，是坐以待毙，还是乘风破浪，杀出重围？

进一步，惊涛骇浪、凶吉难料；退一步，偃旗息鼓，无地自容。

北金所的产品设计、业绩水平、业务能力和团队水准，熊焰是非常有信心的，这个平台在国内竞品中处于翘楚地位，一定能够以恰当的身份充分发挥正向作用。当初北京市领导拍板选他来当这个董事长兼总裁，是对他的高度信任和期许，不是让他到了关键时刻"退一步"的。对的事情，要坚持。只要方向正确，真想做，总能找到方法。沿着这个路径，熊焰很快也就看到了，既然身份"尴尬"，那就转变身份，让北金所继续发展。熊焰循着文件上的要求，推动各方做"一行三会"的工作。

这是个一言难尽的过程。经历了数次过山车般一百八十度大转变，甚至有一次与某机构达成了合作，该机构的决策文件都发出来了，又因种种原因被叫停，紧急追回了发文。跌宕起伏，百转千回。熊焰钢铁般的意志在此时发挥了关键作用，他一边稳定军心，坚持在合规的情况下开展业务；一边加紧进度与力度，持续与相关机构深入接触。

随着市场环境与各方需求形势的变化，北金所终于迎来了转机。中国人民银行向北金所伸出了橄榄枝。央行当时评估北金所，觉得不错，决定将北金所并入央行。但是新的问题又出现了，北金所当时的实控人是北京市国资委。正当熊焰打算力推北京市与央行的谈判之时，追随他多年的老部下刘宸，终于按捺不住，向熊焰提出了激烈的质疑和反对。刘宸讲到，北金所被并购，对于员工来说，震荡并不大，而且员工进入央行系统工作不失为更好的选择，但是对于北金所的高管来说，生死攸关。熊焰带着这些部下，在北交所、北金所打拼多年，他们做了很多并购业务，陪伴着很多企业走过了并购的阵痛期。刘宸长期追随熊焰，为熊焰马首是瞻，但是到了这么关键的时刻，必须要站出来提醒他了——前车之鉴，被并购企业的高管往往没有什么好结局。这话提点得已然非常直白，熊焰正是被并购企业的高管之首。如果不这么干，熊焰会过得很安稳，北金所将就着做些业务，肯定饿不死，将来稳稳地退休，何必费心费力，谋什么万世之全呢。

熊焰偏不。在很多人看来，熊焰是把一手打造的北金所拱手他人；而熊焰想的并非北金所"属于"谁，而是它能不能发展得更好。央行这个机会来之不易，对北金所来说是个千载难逢的机遇，有了央行的加持，北金所必然会重整旗鼓、导入专业的航道，熊焰和团队多年来为北金所苦心孤诣打造的蓝图，等的就是这样一个机会。怎么能够因为一己私利而止步不前呢？他绝不能。

这不是傻，也不是所谓大爱胜小爱。这世上有很多事情是没有对错的，但也有很多事情是真的有对错的，北金所并入央行体系，对北金所来说是一件真真儿做对了的事。真对的事，必须要坚持。

熊焰一面安抚团队，把自己的想法说与大家听，并且分析了前途利弊——只有北金所赢了，才是团队中的每个人赢了。一面尽全力推动并购事宜。中国人民银行时任副行长亲自与北京市国资委负责人展开洽谈。北京市国资委为此特别开了市长办公会议，为了北金所有更长足的发展，北京市国资委最终决定把大股东的位置让出来。随后，艰苦卓绝的并购谈判开始了，从2012年底一直谈到2013年11月8日。北金所通过增资扩股的方式引入了中国银行间市场交易商协会（以下简称"交易商协会"）成为第一大股东单位，从而正式进入了中国银行间市场体系。

至此，北金所的身份困境得以彻底解决。

熊焰出色的个人魅力与领袖气质再一次得到了各方的认可，依然担任北金所董事长、总裁，北金所果然如愿被迅速导入了快航道。交易商协会入股后，北金所具有了更丰富的业务资质和更高等级的金融信用，并以此为契机开始了从产品、风控、信息化到管理的全面升级。在中国人民银行指导下，北金所参与了银行间债券市场创新工作，并承担起为市场主体提供技术支持和专业服务的任务，成为银行间市场的重要基础设施的组成部分。进入银行间市场后，北金所逐渐从以非标资产交易为核心向以标准化交易为核心转变，成为中国金融行业升级转型的映射和写照。[①]

这一年，熊焰五十七岁。

熊焰带领北金所进入央行体系后，不能再兼任北交所的职务，他辞去了北交所党委书记、董事长职务。从2004年情人节当天挂牌伊始，熊焰在北交所已躬耕十年。他又一次离开了身后熟悉的热土，离开了自己一寸一寸打下的"江山"，闯入了人生的新境地。北交所的同事们与熊焰共事多年，熊焰对大家来说已然不单纯是领导，更是老师、前辈、兄长。此时大家深深地敬佩熊焰的干脆和果断，无以言表，私下精心准备了一本画册。画册里展现了熊焰在北交所十年的多个"高光"时刻和精彩瞬间，最难得的是很多同事、员工亲笔书写下了想对熊焰说的话。千言万语汇成了一段段祝福：

祝熊总永远在追求中获得快乐。

——胡苹萍

[①] 资料参考：熊焰，《北金所转型升级进行时》，《英才》杂志，2015。

这样的笑，会感染很多人吧？愿熊总欢喜自在，笑口常开！

——朱戈

时间都去哪儿了，还没好好看看你的眼睛就花啦！

——马丽

感恩熊总多年言传身教，您一直告诉我们要心胸宽广，要趁势而为，您告诫我们不要图小利，不要说假话，相信您的教诲会伴随我们一生。

——付奇

永远忘不了您说的那句话：再远的路，走着走着也就近了。谢谢您，熊总。

——李学亮

2009年认识您，从此成为您和您所倡导的产权理论的忠实信徒。您的人品、思想、境界和学识使我受益终生。

——王海鹏

鼎革十载向青云，奋马扬鞭自在身，世人皆有凌云志，几人能得众人心。

——张若琰

／ 沐光沐风

熊焰在北金所的办公室，简约开阔。一面墙壁被三幅特大号世界地图、中国地图和北京地图覆盖，这是熊焰多年来的工作习惯，也正是他心中之所想。每天看到地图，他就想到了北金所的战略规划和目标——立足北京，辐射全国，走向世界。

自从来到金融街，熊焰要求自己的状态要处于不断拓展和求索之中。随之而来的,事业飞速进步,熊焰要不断涉足自己不专长的领域或是面对比自己更专长于业务的下属。外行领导内行,实属常见。带团队,熊焰有自己的经验。他首先关注的是人。他把正确的人放到正确的位置上,让每个人自动发挥各自功效并形成合力。熊焰通过自身和多年的带队经验发现,保持适度焦虑、寝食不安的状态,有利于激发出个体的巨大潜能,所以他要让团队保持专注集中、有忧患意识的工作状态。熊焰团队从事的是一个在中国还没有成熟运作经验的业务形态,是一个全新的行业,每一位成员都需把这种学习能力和亢奋状态以及创造性的工作叠加在一起。这个行业又是有风险的,团结、和谐和战战兢兢的敬畏态度都很重要。更为关键的是,熊焰敢于依靠和信赖下属。对于自己不专长的领域,熊焰做到了保持克制,不瞎指挥。作为领导者,做到了这些,其余的他就可以放手让团队发挥了。无论是北交所还是北金所,熊焰打造的团队都非常出色。团队成员时刻能感受到熊焰巨大的工作热情和不竭的精神动力,这让团队受到很大的鼓舞。也唯有如此,他天马行空的想法才能落实有力。

凝聚融合,成就彼此。

但是对于不值得信任的团队成员,熊焰能够做到铁面无私。在北交所和北金所期间,经熊焰之手处理的高管不下十人,有的辞退,有的降职降薪。曾经有一位高管A,将公司的产品设计方案透露给了竞争机构,被内部风控系统发现,报到了熊焰这里。在办公室,熊焰不卖关子,直接要求高管A辞职。A见回旋无地,彻底撕破脸,在办公室里大声吵嚷,叫嚣从未受到过如此屈辱,说出了"今天不是你死就是我亡"这样的威胁话语。熊焰稳稳地说:"你要有逻辑,你所谓的屈辱不是我造成的,是你自己心里没数,手伸错了。让你辞职,已经是给足了你面子。如果你敬酒不吃，那我马上通知律师起诉你，到那时就不是请你走出这个大楼那么简单了……"对于下属，熊焰向来赏罚分明。开公司不是办学校，公司雇用的是成年人，成年人要为自己的行为负责，做对了赢得奖励，做错了要承担后果。谁为组织加分，谁就升职加薪；谁让组织名誉扫地，熊焰就要砸谁的饭碗。

采用结果导向的激励机制，让荣誉、权力、资源配置到更高效的团队中去。至于这个团队具体怎么干，熊焰完全不管。甩手掌柜能做到熊焰这个份儿上——眼看着油瓶子倒了也不去扶，还是比较罕见的。要保持这种克制很不容易，但规则就是这么定的，熊焰就这么执行。

一个企业只有逐步形成超出眼前的、小团体的、简单的经济利益的愿景，才能够凝聚人心，激发团队潜能，干成大事。北金所的业绩有目共睹，得到行业内外各方肯定。熊焰在行业内的名望与地位也越来越高，被业界尊称为"中国产权市场的李云龙"。等国有资产卖完了，产权市场还能卖什么。这是一位业内专家提给熊焰的问题，这也是他经常自问的问题。尽管当下交易所的日子很好过，但不谋万世者，不足谋一时，政策红利带来的成长效应会逐渐稀释，居安思危，熊焰仍需持续加大创新力度。

熊焰这个掌舵人，难得有清闲的时间，但他会挤出时间让头脑放空，不去想当下具体的事务，去思索北金所未来的发展战略和下一个创新点。周末休息的时间，在自家的阳台上，沐浴着阳光，一支笔，一本小方格稿纸，他做设想，随后交予团队论证和实操。有时也会没什么"产出"，熊焰只是静静地坐在阳台观察对面北金所这栋房子。这是当时金融街最矮的一栋，这栋房子的建筑设计就像它的制度设计一样，开放、宽阔。北金所就像熊焰的孩子，熊焰对其倾注了心血。望着自己一天一天茁壮的"孩子",熊焰心里很是骄傲。

凉风徐来,恰如其分。

北金所在一行两会与财政部的指导下,承载着推动中国金融资产流动、深化金融市场改革的历史使命。熊焰与团队乃受人之托,忠诚履职,因此,北金所才能在短短的时间内迅速成长。使命使然,无他耳。时势造英雄还是英雄造时势,这是个哲学问题。但是熊焰的逻辑是清晰的,头脑是清醒的。

属于掌声、鲜花、酒林,怎比得属于清风、海浪、星辰。

变　奏

／ 沙石与宝石

熊焰在产权市场披荆斩棘多年，看尽业界百态，"中小企业"这个群体逐渐进入了熊焰的标的范围。起初，他发现了这个群体处在社会中被"普遍关注"但对其发展又普遍"束手无策"的窘态。进一步深究，发现了这中间很多突出的、尖锐的矛盾。有矛盾、有问题，这恰恰是当时北交所的机会，熊焰的工作是在这纷繁复杂的境况中捋出机会，抓住它，在适当的窗口完成业务创新与延展。

"中小企业"这个词语后面一般会加上三个字"融资难"。到2008年金融危机之时，熊焰等国内业界人士透过这场危机的表象去分析其成因，发现国外的中小企业也遇到同样的难题，但由于欧美等国的资本市场极其发达，金融创新程度到了能为各式企业补充资金流的地步，即使是经营状况不佳的企业，也可以通过包装后发行垃圾债券来获得融资。实际上，2008年的全球性金融危机的起因就是由美国次贷危机——一种次级房贷（垃圾贷款的一种）所产生的偿付危机引起的。在这场危机中，中国不能独善其身，中小企业的融资状况更加堪忧。中小企业是一国经济发展的基石，中国当时已经有超过1 000万户中小企业，还有3 100万个个体工商户，这个数字是当时沪深上市公司总数的5 000倍。这个群体为国家贡献了50%的税收总额和80%的城镇就业岗位。熊焰看到了中小企业在整个国民经济构成中的重要地位，如同植被在大自然系统中的地位一样。他们的生存状况如此恶劣，长期得不到发展所需的资金，如同植被缺少了雨露一样，其健康程度可想而知。在这个特殊时点，分析至此，熊焰忧心忡忡。

熊焰在业界被冠以"学者型"企业家的称号，这个时候，熊焰发挥了他的专长。他首先分析中国资本市场的发展状态，给资本市场上融资的企业做划分。他把沪深主板上市的企业比作博士，那上了"中小企业板"和"创业板"的企业可以比作上研究生和大学。这么一比，熊焰与其团队很清晰地找到了标的对象。在中国，能读到大学阶段的企业还不到全国中小企业的万分之一，绝大多数企业都处在中小学甚至幼儿园阶段。这么大的体量，帮助中小企业发展，这过程中必然蕴藏着巨大的机会。

熊焰怎么办，中小企业怎么办。这些"中小学生"显然无法从资本市场获得资金。他们远远达不到企业上市的门槛，证监会对企业上市的要求其实比考大学更难，指望从股市里融资根本不现实。还有一条途径是银行贷款。经研究，熊焰发现银行为中小企业预留的空间也十分有限，因为他们缺少贷款所需的抵押或抵押物。当时，对贷款风险的考核是银行的一个硬约束，即使中小企业愿意付出更高的资金报酬，银行也不会冒风险去放款。所以，最后大多数中小企业只能靠留存收益来满足自己的资金需求。经测算，银行实际为中小企业提供的资金还不到其实际需求的20%。基于此，熊焰对市场上存在的企业做了大量调研，实际上，很多中小企业为了自身生存，最后不得不冒险去走高息借款的道路。由于借贷关系非法，许多权力关系得不到法律保障，引起了很多经济纠纷。

次贷危机给了熊焰启示。其实大洋彼岸的中小企业日子过得相对好许多。中国恰恰相反，当时中国金融市场的一大特点就是流动性欠缺，130万亿元人民币规模的存量金融资产由于缺乏流动性，便只能成为"死财富"而无法转化为"活资本"，所以中国的中小企业难以分得一杯羹。金融危机爆发以来，国家为稳定经济投下四万亿元人民币巨资，其中绝大多数都流向了大型国企。

熊焰当然知道，政府对中小企业的发展境况不会熟视无睹，但毕竟要管的事情太多，大中型企业关乎国家经济命脉，是更应该操心的对象，抓大放小是无奈之举，如同20世纪90年代前的大学"统招统分"政策一样，国家只能为了上到大学的人分配工作，那些上到中小学的就只能自谋出路了。这个时候想办法解决中小企业融资难的问题不仅解决了政府顾及不暇之地，更是对这个群体的雪中送炭。那还有没有其他的办法？循着发达国家的先例，熊焰很容易捋到了私募，所谓PE，既有钱又愿意投钱给企业的人。而且，这样的人很多，当时全世界的PE投资人都愿意来中国凑热闹，中关村的上空飘着千百亿的资金无法落地。一边是"望钱欲穿"，另外一边是钱多了找不到投处。

熊焰和团队进一步研究两方的需求与矛盾，想尽办法把两方对接上。对于投资人来说，尽管满大街都是想融资的企业，但在他们的眼里这些企业都是沙石，没有投资的价值，他们想找的是宝石、玉石，但这类企业一定是少数。熊焰心想，一个企业到底是沙石还是宝石，没到最后谁也不敢确定，成为传国玉玺的和氏璧，最初不也被大多数人当成了一块普通的石头。投资人的精力毕竟有限，能看到的企业有限，人海茫茫，指望投资人主动出击发现这些中小企业，实在是大海捞针。

熊焰观察同行们，国内产权市场其实并没有坐视不理。当时全国各地的产权市场都在努力搭建中小企业投融资平台，为有钱的投资方与需要钱的中小企业之间架桥铺路。但冷静地分析同行的动作，没能打到痛处，收效不大。过去许多基础性、根本性问题一直没有解决好，比如在融资信息发布方面，市场机构的信息平台搭建起来后，往往对一下子涌过来的成千上万条融资信息一筹莫展，无法对这些信息有效地梳理和分解，最终只能把这些信息一股脑地放到网上，让投资人自己判别和挑选。熊焰与团队经过调研发现，由于得到的信息量太大，信息的登记录入是一件繁杂的事，一家市场机构不可能像当时的114查号台那样去雇用众多人员做基础录入工作，所以就只能挑一些简单的企业信息放上去。熊焰就曾经在一家文化产权交易机构的网站上看到一则融资信息：某剧本，描写一段动人的现代都市言情故事，现拟融资500万，有意者请面谈，联系人×××。很难想象，一个真正想投资影视剧本的人会对这样的信息产生兴趣。这样的"垃圾信息"满天飞，机构的对接效率非常低。捋着这条脉络，熊焰找到了问题的关键——市场上绝大多数中介机构并不具备对融资信息汇集、整理、鉴别、分级和评估的能力。他们只是收个"过路费"并没有真正发挥出自己的价值功能。看来，对于中小企业融资难这个"沉疴旧疾"，必须得研制出一味新药。

2010年6月，北京产权交易所正式启动"增资扩股附返售权"交易。这项举措，简而言之，就是让有法人资格的企业通过北交所来发布增资扩股信息，以北交所认可的方式来确定投资方，并约定在一定的时限和条件下,投资方有权以约定价格要求企业去回购认购股权,或者要求企业的控股股东购买其所认购股权的一种融资交易行为。熊焰与团队,严格把控方案实施的全过程,设置明确的进场标准,组织各类中介机构对进场的融资项目进行遴选,北交所有针对性地向投资人进行推荐。为了保证项目的可靠性,增大对投资人的吸引力,北交所要求融资方对该项目股权做回购性安排;为了保证交易安全,北交所还赋予投融资双方设置交易保证金与交易担保机制的权利,从而最大限度地保障投融资双方当事人的利益。这是一种用北交所做制约平衡的一个结构性设计。虽然还是设置了进场标准,不能让全部中小企业都满足条件,但是这一举措已经在相当程度上放大了企业融资的准入条件。启动当日,北交所推出了第一个高科技中小企业交易项目——湖南麓南环保有限公司增资扩股附返售权交易。

在"中小企业融资难"这件事上,熊焰确实付出了努力,因为他的努力,改变的不是一点点。

/ 有点儿显胖

人到中年的熊焰有些爱好。首先是喝酒,熊焰爱喝也能喝。熊焰生长在酒品与人品呈正相关的中国东北,喝酒是他交际的手段之一,也是放松身心的方法之一。除此之外,熊焰还喜欢玩桌游,他熟练掌握几乎一切棋牌游戏。同样,棋牌既是交际手段,又能放松情绪,还是与亲友沟通情感的一种方法。但是这两个爱好难免带来副产品。酒宴应酬多了,进食量剧增;棋牌游戏导致久坐。时间长了,身体发福,体重一度达到180斤。曾经矫健的身形一去不复返，穿衣稍有不慎就会有点儿"显胖"。

2010年春节前，熊焰例行体检，体检结果中有一条"心脏左束支传导阻滞"。一位国家级心脏内科专家告诉熊焰，这表明身体处在了一个临界状态，如果能够把血脂和血压调下来，把各种指标都保持在正常范围，就无妨。而达到这一目标的最直接有效的方法就是减肥。

对的事，要坚持去做。于是熊焰决定减肥。

当时熊焰研究了各种方案，他希望能一次成功而不是半途而废。一深入研究，就发现太多的前车之鉴，减肥失败几乎是一种常态，很多人辛苦半天最后都反弹回来。所以熊焰相当认真，把减肥当作一个系统工程来抓。一头扎进了五花八门、无奇不有的减肥世界中。熊焰分析了自己的"病因"，属于吃太饱撑的。最后，在"锻炼减肥""吃药减肥""按摩减肥""桑拿减肥""抽脂减肥""饥饿减肥"这一系列方案中，选择了最传统的"管住嘴，迈开腿"。

知识分子减肥前必须得把前因后果想明白，否则减肥大计仓促上马，肉体的折磨扛不住，精神上很容易溃坝。包括人类在内的动物本身就有长期饥饿的历史，衣食无忧只是后来的事，所以，熊焰做了底线判断——人是饿不坏的。人体内抵抗疾病的白细胞越是在饥饿的状态下就越活跃；当处在饱暖状态下时，白细胞就像吃饱的猫一样不动弹，不会再"看家守院"，免疫力就下降了。人吃的太饱容易懒散，饥饿的人却往往思路敏捷。非但人类，自然界的动物也是，饥饿状态下更能激发出动物的潜能，奔跑会更快，反应更加机敏。熊焰从人类历史思考到动物界，又考察了"饥饿疗法"的弊端，显然，低血糖的人和正在发育的青少年就不适合，但熊焰不在这个范畴。

接下来就是"下定决心，排除万难"的阶段了。

管住嘴挺难的。对于熊焰，晚上的应酬很多，很多业务需要在晚饭时间商谈，显然这顿饭肯定是省不下来的。所以只能从早餐和午餐上打主意。最后制定的方案是早晨只喝一杯果汁；中午将以前食量减一半；晚饭保持正常。需要喝酒时，少喝白酒或者换成红酒。"迈开腿"进行得比较顺利，陈畅专门给他买了计步器，并规定每天至少走一万步。熊焰自测步伐跨度70厘米，那就是每天走7公里。从制订计划开始，熊焰坚持每天走1.3万步，最多的一次走过2.8万步。

其实，偶尔一次灵光乍现的成绩并不能说明什么，万事最怕坚持，让身体和精神都形成惯性，高度自律，不松懈。仅仅半年时间，效果显著。半年的时间从180斤减到148斤。陈畅一点儿都没有担心他会减肥失败，她了解熊焰，一个戒烟都能成功的人，只要想清楚了，减肥根本不是事儿。陈畅担心的是熊焰这个人干什么事儿都有极大的热情，怕熊焰痴迷减肥矫枉过正，她规定熊焰不能过度减肥，体重不能少于150斤。为了这个规定，熊焰还要再吃回去一点点。

熊焰总结，饿的感觉，刚开始有些不适应，过几天就会习惯了。饿的感觉绝不是坏事，当一个人觉得能凭借自己的意志来控制自己的需求时，内心会有一种欣喜的感觉。控制自己是很难的事情，做到了，就会享受到克制带来的附加值。熊焰先前存在的身体不适症状完全消失了，精神头明显变好，复查身体，所有指标回归正常。最有成就感的是，西服不合身了，腰围下降，裤腰松了。熊焰不得不重新购置新衣服，用新的"制度"来固化成就。

减肥并不难，关键要在世界观层面说服自己，在方法论层面找到一条适合自己的道路。重要的是坚持下去。减肥是个长期的事业，取得了阶段性的成果后又胡吃海塞显然是不行的。年龄增长，代谢能力下降，就更需要克制。

十年后，到熊焰六十多岁时，他发现，在少吃多运动的常态下，只要几天不思考，体重就有所增加。所以，管住嘴，迈开腿，还得加一条，多用脑。

/ 就这么来劲

2012年春季，哈尔滨工业大学北京校友会举办了一场纪念77、78级校友毕业三十周年的联欢会。校友们纷纷从各地赶来参加盛会，300多人欢聚一堂。时任哈工大副校长孙和义、周玉和校友总会常务副会长崔国兰应邀参加了聚会。当主持人于明[①]讲到"今天，我们相约北京，共话三十年的流金岁月，共诉三十年的情深意长"时全场响起热烈的掌声。紧接着，于明宣布："下面，有请哈尔滨工业大学校友总会副会长、北京校友会会长、北京产权交易所董事长（党委书记）、我校78级无线电工程专业毕业生熊焰发表讲话。"一束追光打在熊焰身上，当他起身，伴着校友们期盼的掌声走向讲台之时，内心是温暖和骄傲的。一席动情的演说，同学们激动不已。大家即兴登台，诗朗诵、小合唱、20世纪80年代年代流行的舞蹈，再配上当年的老照片……熊焰看着当年的少年们如今已功成名就，额头眼角却爬上了皱纹，前尘往事浮上心头。

77、78级的校友，当年因特殊的历史机缘聚合在一起，毕业后正值国家人才断档而求才若渴之际，他们在各行各业都发挥了重要

---

① 于明，哈尔滨工业大学78级精密仪器专业校友，时任哈工大北京校友会秘书长。

作用，为我国改革开放与经济建设贡献了关键力量。

熊焰是1993年从哈工大调到团中央工作的。离校前，他向杨士勤校长辞行，杨校长对他说："你当了这么多年团委书记，结识的毕业生比较多，到北京之后，推动一下北京地区校友会的工作。"到了北京以后，熊焰开始有意识地接触一些校友，主要还是他担任团委书记期间跟他一同工作的学生会、研究生会的学生们，比如宋亚晨、韩晓光、王雪莉、李振明、李明树、马振东等；还有就是跟熊焰同期的同学，如于明、杜军、白秋晨等。这一时期，熊焰并未跟北京地区校友会联系，也不知如何联系。1995年春天，吴林书记到北京开会，与熊焰见面后，提出了跟杨校长相类似的希望，他觉得北京地区校友会的工作应该由有热心、有能力、有影响力的年轻校友来参与推动，当时的熊焰，是吴书记心目中的最好人选。在场的校办的李景煊同志向熊焰介绍了北京地区校友会的张管生、海锦涛和刚杰等。熊焰一听，有的还真打过交道。早在1987年，熊焰与时任哈工大宣传部长的顾寅生为总结哈工大的思政工作经验，到北京拜访李昌校长、高铁校长等相关领导，还有王兆国、李树毅、卢时彻等知名校友，当时与北京校友会的这些校友们有交流。按照学校领导的建议，熊焰又专门拜访了李昌老校长，拜访了张管生同志、李树毅同志、刚杰同志、王世宽同志、王北新同志等，征求他们对于开展北京校友会工作的建议。[①]经过前期的走访调研，熊焰发现北京校友的年龄结构已经发生变化。当时77、78级以后毕业的学生陆续到了北京，已逾数千人，人数上超过了1966年前毕业的老

---

① 参考文章：熊焰2019年写的《我与北京校友会》一文。

校友。年轻校友的需求和精力与老校友是存在差异的。所以，校友会的成员也应当与时俱进地年轻化。赶上这样一个契机，北京地区校友会张管生、海锦涛几位前辈希望熊焰能加入这个团队。熊焰也推荐了几位年轻同志，比如马兴瑞、林抚生加入这个团队。1996年12月的北京地区校友会换届大会上，熊焰和以上几位同志当选为北京校友会的副会长。能以这种方式反哺母校的教育之情，熊焰十分高兴。

为了北京地区校友会的发展，熊焰与高文等几个青年校友提出成立北京青年校友会。在那段时间，熊焰的一位同事，也是哈工大校友，在左安门宾馆有一个酒店，叫伊利海滩。这个地方成了大家聚会讨论策划的一个基地，前前后后有过近20次讨论。2000年3月15日，在海淀区银泉大厦举行了哈工大北京青年校友会成立大会。杨士勤、张管生、海锦涛和200多名青年校友参加了会议。会议选举高文为北京青年校友会的会长，熊焰与冯健身为常务副会长，王勇、马兴瑞、宋亚晨、方滨兴为副会长，马振东为秘书长。

第二年春天，青年校友会举办了第一次登蟒山的活动。马振东秘书长提出了一个口号——"怀念不如相见，健康成就未来"。第一次登蟒山，杨士勤校长讲话，李生书记发令起跑，他们在蟒山的山顶长廊处一同为优胜者颁奖。第一届大约有一百三四十人，这个活动延续了十七年，高潮的时候曾有四五百人同时登山，哈工大校旗漫山飘扬的盛况空前。

2008年前后，校友杜军、刘志硕、朱彤、王昕竑等人看到了一些哈工大人在创业，做得很艰苦，他们萌生了做点实事儿助力校友创业的想法。熊焰非常赞同和支持。当时还没有"双创"这个词，并且"创业"听起来似乎并不是哈工大主流毕业生的主流行为。但熊焰在大家的启发下，很有预见性地组建了哈工大校友创业俱乐部，采用导师制——成功的企业家校友与创业的青年企业家校友结成一对一、一对多、多对一的创业帮扶模式。首批学员只有六七个人，发展到后期可谓是一席难求，想成为哈工大创业俱乐部学员，竞争非常激烈，几近百里挑一。几年之后，熊焰看到了一些创业企业在茁壮成长，但是新的矛盾又出现了——融资。熊焰适时地推动成立了丁香汇，即哈工大校友创业基金，首期基金规模6 000万，2014年创立，投资了15个哈工大校友创业项目，投资的效益和效果都非常不错。熊焰和北京地区校友会团队一直在不断钻研，希望能做成一个更加完整的帮扶体系，包括导师制的结对帮扶、丁香汇创业基金以及财务、营销、运营方面的专业培训和服务，通过帮扶体系，为创业的校友雪中送炭、保驾护航。

2010年，张管生、海锦涛、刚杰、王立臣等几位前辈多次动员熊焰，希望他能接棒北京地区校友会的工作。那个时候，北京金融资产交易所刚刚成立不久，正是熊焰最为忙碌的时刻，如果是别的工作，熊焰几乎百分之百是要推掉的，但只要是哈工大的事，熊焰觉得自己责无旁贷。于是，熊焰、白秋晨、于明等接管北京地区校友会工作，熊焰担任北京校友会会长。2011年11月7日，韩杰才副校长主持仪式，王树国校长颁发聘书，任命熊焰为哈尔滨工业大学校友总会副会长，哈工大历史上担任这一职务的除熊焰和深圳校友会会长张思民外，均是历任校领导。

北京地区校友会在熊焰与诸多校友的共同努力下，形成了开放、包容、善意、建设、多元的文化。熊焰一直坚持校友工作要多层次、多圈子、多中心、多元化，不要有太多的问题与主义之争，只要是校友的正当需求，无论谁有积极性，熊焰都会调动资源全力支持。正因此，北京地区校友会形成了相对稳定和有一定社会威信的团队。熊焰与校友们本着开放、包容、善意、建设的心态来参与和推动校友会的工作。校友会要的就是一份情感——一种对母校的感念，对校友的关怀。没人会给校友会的人员开工资补贴，更没有人给他们评级别职务，所有的一切完全就是一腔热情、一份责任、一份爱心、一种奉献。

北京在地理上是哈工大一校三区的中心，是国家的首都，是政治、文化和国际交流的中心，国内外的校友都在北京汇聚。北京又是哈工大校友最集中的城市。哈工大百年历史，大约培养了30万校友，其中5万多人在北京，作为北京地区校友会的会长，熊焰觉得不应偏安一隅，应当敢于做一些其他地方有共性需求又不便牵头的事。

熊焰对校友会还有更加深刻的定位与思考。哈工大要建设成世界一流大学，校友会必然要向世界一流大学的校友会看齐。校友会是一个非政府组织，国际上称为NGO。这样的组织的特征是弱联系和相对松散。熊焰认为，在校友会里就不要谈"紧密团结"，松散的聚集在校友会周围才是与校友们相处最舒服的状态。熊焰治理校友会的思想偏向道家——垂衣拱手而治。校友会活动搞得好，大家都高兴，校友们乐意来参与校友会的活动；校友们不愿意围着校友会转悠，也无可厚非，不必强求。校友会这样一个松散的特点也就决定了它的组织体系是多层次、多圈层的。所以，从会长的角度讲，熊焰更愿意吸收有热情、有奉献精神、靠谱、不太较真、不卖私货、不求全责备的人。

熊焰对北京地区校友会还有一个原则性的要求，要守住底线。不谋利、不违法、不涉政。守住底线后，百花齐放，百家争鸣，多一个积极分子就比少一个积极分子好。校友会的活动要搞得有意思、有价值。有意思就是你组织的活动要喜闻乐见，要符合大家的需求，起码满足一部分校友的需求；有价值就是在有意思的基础上进一步升华。熊焰推动校友创业就是既有意思，又有价值。

熊焰通过自身的经历，得到一个感悟——学生是一所大学的产品，大学应该对这个产品终身负责。但是让母校对几十万毕业生终身负责，这是有一定难度的。所以校友会应该承担部分这样的职能。熊焰也无法对所有的校友终身负责，但对一些相对优秀的、有培养前途的和有现实困难的校友，校友会应该承担一定的责任。熊焰看到了刚到北京的青年校友，就仿佛看到了自己当年刚刚毕业走上工作岗位之时的样子。年轻人的成长，刚上路的时候最需要帮助，需要有人指引方向、提振气势、消除挫折、强化信心。在熊焰的成才观中，"精养"与"散养"是有很大差异的。所谓精养，是一个有培养前途的年轻人在一个特殊群体的有意识地引导、支持、培养和刺激下，能比较快速健康的成长。相反，如果是完全靠一个年轻人自然地、自我地成长，相对而言成才的概率就比较低。在北京接触的人多了，熊焰发现，在这一方面，清华大学做得非常好。自熊焰成为北京地区校友会的中坚力量开始，十几年来，他不止一次陪同哈工大的校领导与清华大学的主要校领导进行交流。熊焰清晰地看到清华大学把他们优秀的校友推送到政治、经济、军事、学术等各大领域，并给予持续的支持。这样明显提高了毕业生们的成材率。所以，熊焰要付出更多的心血和精力去推动校友会的工作。

光光曾经问熊焰："怎么一提到哈工大你就这么来劲儿呢？"就是，熊焰为何对哈工大有这么深的感情。其实并非所有的毕业生都热爱自己的母校，那些毕业后仍感念母校，要尽己所能去回馈母校的人，一定是在校期间因学校的培养而取得了进步的人。这种进步可能是学业，可能是精神境界，也可能是良师的一句肺腑之言或同学的一次雪中送炭。除此之外，那段青春中最宝贵的岁月也令人久久不能忘怀。以上这些情愫综合起来，就形成了校友对母校淳淳的反哺之情。熊焰是个情感丰富到浓烈的人，但有时并不会直接地表达，他把这种情感放到他做的具体的事情之中，一切都显得那么富有激情。熊焰一直认为，在所有的情感之中，爱是最神圣、最高尚、最持久、最深沉的。爱是人的精神生活的最高境界。爱是要有载体的，人们可以爱自己的家庭、家族、社区、家乡、国家乃至全世界。也可以爱自己的幼儿园、小学、中学、大学、工作单位。但是在熊焰的人生中，大学生活，也就是在哈工大的生活，是最灿烂、最瑰丽、最深刻的。因此，他对母校的爱最为深沉、热烈、持久。

通过大学这一阶段的学习，大家形成了共同的文化基因和集体人格。对哈工大而言，就是校训"规格严格，功夫到家"。出了校门，熊焰经常听到有人说哈工大的学生普遍比较踏实、肯干、专业能力强。他概括一下就是聪明、实在、听话、出活。特定的文化基因，形成了哈工大毕业的学生所独有的特色。当然熊焰并不认为哈工大的文化基因十全十美，需要与时俱进，不断优化和完善。结合自己的经历以及与众多校友接触，熊焰感觉哈工大的文化基因中或许少了一点发散性、创造性和容错思维，这种思维在当今市场经济环境下是非常重要的。

校友对母校有着持久的荣誉感。哈工大的每一点进步都构成了校友的荣誉感。学校哪一年评了几个院士，负责了大项目，刘永坦先生获最高科学奖，学生发射了小卫星，学校在世界高校排名中进步了一位等，都会形成校友们的荣誉感。当然哈工大也并非十全十美，但熊焰和校友坐在一起怎么评头品足大家都没意见，毕竟心系母校的发展，可其他的人如果说哈工大一句不好，熊焰的心里就不太是滋味。

所有这些对母校的情感、依恋可能会固化在一些很小的细节和画面上。我们可能都会记得食堂的一些细节，比如某个漂亮的女炊事员，某位慈祥的大叔或大妈，某道精美的菜肴。也会记得宿舍，甚至某某门上、床上做了什么记号。这些细节都是母校在我们心中留下的独有印记。同时，关于哈工大的所有美好的细节，很多人会把它聚焦在丁香花上。北京地区校友会的若干个组织都是用丁香做名字，如丁香汇、丁香创投等，大家都把丁香花作为哈工大美的一种聚焦和象征。熊焰在纪念77、78级校友入学40年的长诗就以这样两句话结尾："如烟往事皆淡去，难忘校园紫丁香。"

社会知名人士往往会有多名头，熊焰亦然——熊书记、熊董事长、熊总裁、熊会长、熊主席、熊理事长、熊教授（兼职）、熊老师。这些名头的背后是熊焰的多重社会身份，这无时无刻不在昭示着熊焰的社会影响力与日俱增，也说明他担负着多重责任。哈工大北京地区校友会会长这个身份是个很特殊的存在，这已经逐渐融入了熊焰的个人生活。他每周至少有一两个单元的时间在参与校友相关的工作和活动,与校友的交往已经成为他最主要的生活方式和情感寄托。

> 母校情结有一点好处,它有一定的自由度,非强迫。不像小尺度的爱有一定的约束和强迫性。因此我讲,对母校的爱不大不小、不远不近、不松不紧。如果这种爱太大了,如全人类之爱,这就太泛泛了。如果就讲爱家庭,爱妻子,尺度又太小。太小、太近,有时可能会产生审美疲劳。对母校这种爱,不大不小,不远不近,可多投入,也可以少投入,没有人指责你,自由度比较大,所有这些对母校的爱就构成了我们精神生活中一段非常美妙的旋律。①

---

① 选自熊焰为《岁月如歌——哈尔滨工业大学北京地区校友会活动图史》所作序言。

归途

每宗进场的交易,无论成交与否,终会离场。

亲

自从熊焰结婚后,父母正式进入了晚年生活。那一年,父亲五十六岁,母亲五十二岁。就像列夫·托尔斯泰所言,幸福的家庭都是相似的。父亲和母亲的晚年生活祥和、甜蜜、平淡。

关爱孙辈成了母亲晚年最主要的工作和快乐源泉。熊焰姐姐的女儿玮玮是在姥姥家长大的。她从小活泼好动,像个小男孩儿,深得姥姥宠爱。玮玮从英国利兹大学化学博士毕业后回国工作,母亲经常向亲友、邻居夸耀她的外孙女。给外孙女找对象成了母亲的心头大事。她先后接触了不少人,最后找到邻居杨老师,也是熊焰的本科同学徐教授的夫人。杨老师给介绍了徐教授的博士生晓春,两个博士喜结连理。这是母亲的功绩一件。玮玮的儿子小秉子的出生给熊焰的父母带来了更多的欢喜,四世同堂,天伦叙乐,那一年母亲七十六岁,父亲八十岁。小秉子聪慧好学,做事专注,学啥像啥,很有潜力。武术、笛子、画画都有模有样。母亲跟亲友、邻居的夸耀对象自然就从玮玮顺延到了小秉子。熊焰家的光光没用爷爷奶奶操心太多,她身体底子好,从小基本没怎生病，小时候每个周末都到爷爷奶奶家吃饭。光光美丽灵动，同样是爷爷奶奶的掌上明珠。光光2001年去加拿大留学，玮玮2002年去英国留学，父母都是坚定的支持者。他们把对孙辈的牵挂、思念转变为一次次地看着她们的照片，她们回来时的嘘寒问暖和对邻居不厌其烦地讲着他们的孙女、外孙女的故事。

老两口在家喜欢读书看报，学习态度和热情丝毫未随着年龄增加而衰减。国家大事、地方新闻，父母都能跟邻居说出个一二三。2011年，熊焰在《求是》杂志上发表了一篇文章——《低碳经济：变革能源结构的重要支撑》，父母读了又读，反复讨论，还在下面标了红线，经常跟邻居谈起。母亲的侄子易中天先生曾经邮寄来一套《易中天中华史》，一大盒子共十六本，易先生在每本书扉页上亲手书写"瑱姑批评"。母亲用了半年时间，每本都细细品读，不止一次要跟熊焰讨论，那认真的架势，还真是想"批评"一番，熊焰只好一再用别的话题岔开了。

父亲晚年对传统文化瑰宝京剧、昆曲颇为痴迷。1995年，熊焰家搬到了北京，从此不能时刻陪伴在老人身边了，父母非常支持他的决定，对他的事业发展也没少"建言献策"。熊焰卖了哈尔滨的房子以及陈畅单位分的房子，又添了一些钱，为父母在哈工大附近购买了一套一百四十多平方米的房子，南北通透，视野开阔，窗下是一条小河。父母可以在校园食堂就餐，干净又便宜；闲时在校园中散步，舒适惬意。哈尔滨，这个五十年前对他们来说天寒地冻、百般不适的地方，如今已完全适应，甚至不愿离开。最高兴的还是父亲，可以经常去哈工大的活动中心，拉京胡，和哈工大学生们切磋京剧、昆曲，老有所为，兴致勃勃。父亲八十岁时，办成了一件了不起的小事儿——在哈尔滨工业大学成立了学生京剧协会。这位熊老先生拉上志同道合的退休教师，一同到学校团委询问组建社团的手续和流程，向年轻的团干部讲述自己在校园推广京剧艺术的想法。起初，团委的干事以为这位年届八旬的老先生兴许就是一时心血来潮，不想他却如此上心，认认真真地手写了社团成立申请书和工作计划。那份劲头，那份执着，真真让后辈敬佩。谁也没想到，在"拉压弯扭剪，车钳铣刨磨"的工科校园之中，一株京剧小苗悄无声息地破土而出。或许是因为太过高雅、略显小众，熊老先生的京剧社不像其他学生社团一开始就"兵强马壮"。京剧协会开始只有熊老先生和他拉来的一位退休老教师，两个岁数加起来超过150岁的"光杆司令"，手下无"一兵一卒"，连招新贴海报、挂条幅都是问题。如此冷门的社团，感兴趣者不多，最初两年光景最为惨淡，人数多时不过十几个，少时只有五六人，一度青黄不接、濒临散伙。再加上当时社团活动条件艰苦，学生们只能定期借用活动中心一个堆满旧桌椅的杂物间，在那里吊嗓、练唱、拉弦、排练，熊老先生那时常常自己掏钱给学生买乐器。就是在这样的情况下，勤奋乐观的父亲始终坚持不懈，雷打不动每周带着社团集体排练、晨练、京剧赏析、京剧视频讲习。即便后来身体不好、腿脚不便，也都让熊焰的姐姐搀着他去。不遗余力地带着学生参加校园各种文化演出，还利用各种机会请专业演员及老票友来校指导和表演。积小流，成江河。正是受到父亲的带动与感染，哈工大校园内喜欢京剧的师生越来越多，社团会员甚至遍布哈市各大高校，数年间就沉淀出了一批"骨干票友"，先后涌现出了夏芳、丛山、王光明、韩焱淼、鲁振伟、蒋梦颖、刘玥、邓雅文、刘夏林、叶宇骄、陈赓等一大批能文能武的"学生名角"。2010、2011连续两年元宵节，哈工大陈赓、叶宇骄分别作为唯一大学生票友代表在黑龙江省京剧院彩唱表演《天女散花》和《小宴》，赢得满堂彩。看着孩子们取得的成就，父亲一边品评一边赞叹，脸上乐开了花，眼里也是满满喜欢，几年的辛苦付出终于收获了累累硕果。①

父亲对京剧是真心喜欢，对学生他也是真心关爱。随着京剧协会的不断发展，一个又一个学生带着对京剧的热爱走上工作岗位。每每念起这些已经毕业的历届成员，父亲都如数家珍，谁适合唱什么戏，谁在哪次演出中唱得好，毕业后谁在哪里工作，谁在公司年会上表演了京剧，他都一一记在心里、丝毫不差。逢年过节，学生们给他打电话聊工作情况，他也常常自觉不自觉地聊起京剧。虽然因为身体原因他后期参与协会管理慢慢减少，但心里始终惦念，多次打电话叮嘱指导老师要关注京剧协会发展，还有几回把指导老师叫到家里促膝长谈。可以说，父亲人生最后十年基本都是与学生京剧协会、与学生们为伴，其敬业精神和负责态度让后辈无比敬佩。

2015年5月18日是父亲的九十岁寿诞，一家人团聚在哈尔滨，其乐融融。那一次，父亲对熊焰说："见了你们，我了了心愿，近些年身体不如以往了，咱们家的事儿将来就由你来决策。如果我再生病倒下了，万不可强求，一切顺其自然。"老人家心里很有数，但在生日上说这样心思重的话，熊焰心里难免难过。可没想到，生日才过了一周，5月25日，父亲就在家中安详地离开了。父亲高寿，知道消息的亲朋好友为了宽慰熊焰一家，都说这是"喜丧"，老人家没有经受病痛的折磨，平静地离开，乃人生之幸事。可那喜与幸的感觉并未落到熊焰头上，他只觉难过，哀痛仿佛能屏蔽一切，久久难以离去，仿佛少了什么。如丧考妣，这个成语太严重，熊焰再不敢把这个词用到任何人身上。

---

① 素材参考：《京韵声中追忆熊敬威老先生》，姜长宝，2015年7月28日。

熊焰很难不回想，父亲生前，相处之点滴，倒叙插叙乱了顺序，一时间更难平复情绪。父亲的故去让熊焰真切地见到"死亡"这人生结局。熊焰虽然已为人夫为人父，在政坛商海鏖战多年，可直到此时，才觉自己再不是孩子了。父亲在面对人生结局之时是坦然的。心如明镜，方能止水。父亲是熊焰的人生丰碑，每当熊焰审视自己所取得的成就之时，不是回头丈量走了多远，而是抬头看看与父亲的距离拉近了多少。如何在人生离场之时如父亲一般泰然自若，干净洒脱。父亲的离去让熊焰望见了一个征程更遥远的父亲。

父亲的遗嘱中这样写道：

"一生对得起父母长辈，对得起人民，对得起平辈晚辈，无愧于天地，无愧于良心。

……

不见九州同，家祭请相告。

……

很对不起瑱音，从心里感谢瑱音。"

瑱音就是熊焰的母亲。父亲的故去，最为哀痛的就是母亲。他们少年结识，相爱至诚，在那些风雨交加的日子里都不曾放开彼此的手。患难真情，六十三载，初心不渝，今得始终。然白首相离，那些心里的话，家长里短的事儿，过去的岁月，相互的恩情，再也没人能懂——身体和灵魂的一多半，先走了。当医护人员把父亲的遗体运到电梯时，母亲颤颤巍巍地走过来，在父亲的脸颊上深情一吻。

时光依洄，那一年长沙解放，熊敬威学成归来，意气风发，承父母之命，与蓝田五车堂易家好上加好。易家幺女名曰瑱音，年芳十九，貌美灵慧，二人一见倾心，结百年之恩缔，相守一生。

哈尔滨的家，是父亲和母亲共同的家。父亲走后，母亲不愿再住这里。一家人商议，熊焰和陈畅在威海为母亲买了房子。房子就在海边，宽敞通透，熊焰的姐姐、姐夫陪伴母亲同住。新家紧邻哈工大威海校区，环境很好，面朝大海，母亲的世界也许很难再春暖花开，但多少能想开一些，豁然一些。这一年的十一假期，母亲和熊焰姐姐全家搬到了威海。熊焰和姐姐陪着母亲坐飞机，为了方便母亲去洗手间，特意选了经济舱的第一排。空姐们看到六十多岁的儿女陪着八十五岁的老妈妈坐飞机，主动让母亲和姐姐坐到了头等舱。

威海冬天不冷，夏天不热。母亲从临海的窗子能看碧海蓝天，帆影点点，绿树红瓦，海鸥飞翔。母亲每天都到楼下散步、晒太阳。玮玮带着小秉子，隔三岔五就来吃饭。小秉子每次都会把他在功课、武术、笛子和画画方面的成绩向太姥姥汇报，母亲高兴得合不拢嘴。那场面，就像《寻梦环游记》里的米格与可可太奶奶。2017年夏天，熊焰的外孙包子出生，这是母亲牵挂的最后一件大事了。熊焰与母亲通电话之时，母亲的高兴劲儿难以言表，八十七岁的母亲到此时才说，这回咱家是啥也不愁了，就等着享清福了。

母亲的身体虽然比较弱，但是一直没有什么器质性疾病，熊焰一直觉得母亲至少还能再活五年到十年。不想，2017年8月，姐姐打电话给熊焰说母亲持续便血。后来去医院做了全面检查，找了当地最好的医生，确诊为结肠癌晚期。熊焰拿着检查结果，奔走于北京肿瘤医院和协和医院，专家都认定威海医生的诊断正确，而且都认为以患者这样的年龄和体质，不建议动手术和放化疗，建议保守治疗。熊焰又找到了北京中医药大学东方医院肿瘤科，开了中药来调理。2017年的十一假期，光光带着刚刚满四个月的包子，飞到了威海。母亲抱着包子，那种欢悦的心情是语言无法描述的：血浓于水，包子摸着太奶奶的脸，那种亲劲儿让人感动。爱与温暖，薪火相传，生生不息。

这是母亲第一次，也是唯一一次见到包子。

母亲吃中药的效果不错，但到了次年一月中旬，母亲身体状况急转直下，已经不能下床。医生预测了病情可能的发展，好的情况是体能衰竭而亡，坏的情况是癌症转移或者肠梗阻，产生巨大的痛苦而亡。母亲对于这一天的到来，似乎早有思想准备，她曾不止一次地跟熊焰说，她要和老头儿一样，安安静静地走，高高兴兴地走，不去住院动手术，绝不拖累儿女。家人对这一天的到来却没有充分的思想准备，威海的家里连寿衣都没准备。熊焰预订了2月11日到威海的飞机票。2月7日上午熊焰还去东方医院开了半个月的中药，与医生讨论母亲的病情，当天中午，熊焰和姐姐、玮玮分别通了电话，讨论采用新的量子疗法治疗……熊焰不敢去想，有一天真的会失去母亲。

当天晚上，熊焰接到姐姐从威海打来电话："妈妈不行了，半小时前开始呼吸急促，大口倒气儿。喊来了120救护车，很快心跳显示器的线条变成了直的……"听到这个消息，熊焰像挨了一个霹雳，呆站在寒夜之中。熊焰跟陈畅想订最早的机票去威海。但是当天威海降了几年未遇的大雪，高速公路已经封闭。他们又与姐姐通话，确认了情况，最后决定还是第二天早晨飞到烟台。熊焰躺下时已经是第二天凌晨了，但他根本无法入眠。悲痛、思念、回忆、自责……思绪蔓延，潮起潮落。忽的一下似乎睡着了，忽的一下又醒了。不知不觉，枕巾已经被泪水打湿了。

第二天到达烟台后，高速公路已经通了，坐在从烟台去威海的车上，熊焰发了一条微信朋友圈，算是讣告。

严冬霹雳,

飞雪白头。

慈寿止米,

暗夜泪流。

母亲这一生,经历过少年时的战乱,青年时代的政治运动,也享受到了晚年的幸福时光。她被历史的大潮裹挟着,飘渺无助,她和她的家庭以及那一代知识分子的命运,随着国家的命运起伏。她的美貌、热情、聪慧、芳华,就像南国的一株莲花,在本该绽放的青春年华,冻僵在苦寒的北国大地。她早早地离开了工作岗位,把全部的爱倾注给了家庭,就像冻僵的莲花把全部能量输给了地下的莲子。在熊焰的回忆里,母亲永远是微笑的,永远是温柔的,永远是优雅的。她从不抱怨,从不仇恨。熊焰就是母亲这朵莲花养育的莲子,是母亲的作品。

时代的原因,父母没能在他们最好的年华发挥才能、干事创业。而时代给了熊焰机会,熊焰必须努力奋斗。这不仅仅是他个人的奋斗,而是两代人的期许。

熊焰读了母亲生前写给已故父亲的信,母亲对父亲说:"我要向你学习,安详离开,笑对人生,生得愉悦,走得坦然。"

没有了对死亡的未知与恐惧,生的每一天都会坦然淡定。

友

熊焰爱交朋友，会交朋友，交了很多朋友。除了淡如水的君子之交和几面之缘的泛泛之交，熊焰还有很多至亲挚友，几个知己同好。

年少时与朋友们畅想未来，仗剑天涯，以梦为马；青年时与同志们共同奋斗，脚踏实地，不负韶华；中年后与三五老友推杯换盏，忆想当年，嬉笑闲话。随着人生阶段的演进，朋友们远近亲疏也会慢慢变化，很多朋友虽然不常见面，但故人重逢仍倍感亲切。

生活节奏越来越快，快到让人误以为一生足可以去爱很多人、去做很多事、去圆许多梦。"等有时间了，我就……""等有机会，我会……""待时机成熟，我能……"成了现代人的日常用语。

人生无常，世事难料。很多事情，过去了，也就过去了。

╱ 山　石

2012年9月，熊焰的好友林山石去世了。林山石走前已然深度抑郁，不堪病痛折磨，选择坠楼结束生命。事发突然，熊焰虽如五雷轰顶，但只能极力克制住自己，保持镇定并火速赶往医院。会同其他亲友以及家属，果断制定救治方案——不惜一切代价挽救生命。漫长的一夜煎熬，医生没能在死神手中夺回他的生命，抢救无效，他走了。当医生宣布这个结果后，熊焰悲恸至极。

熊焰与林山石结识于大学校园，林山石既是熊焰的校友，又是他的老领导，是曾经手把手带着他工作、鞭策他成长的良师益友。后来二人在不同的领域发展得都很好，三十多年推心置腹，互为知己，亲如家人。桃李春风一杯酒，江湖夜雨卅年灯。看来那些喧闹是虚幻的，一时的；片刻茕独恓惶确是真切的，转瞬便能遮天蔽日。熊焰虽知兄长终年饱受病痛折磨，苦不堪言，但没想到竟然走得如此突然，以如此令人难以接受的方式……

熊焰看到了林山石的单位写的讣告——为人厚道，作风严谨，廉洁奉公；坚持原则，公道正派，实事求是。这二十四个字，字字锥心。林兄的音容仿佛仍在眼前，却也再不复相见。熊焰时年五十六岁，与同龄人告别，那滋味除了哀痛，更多的是感同身受，推人及己。看到亲属的悲痛欲绝，恻隐之心让熊焰多想为兄长再做点什么。可是，回天乏术，他什么都做不了，做什么都显得太微不足道。兄长看不到，听不到，感觉不到。

熊焰一直是无神论者，认为人生最终的结局是相同的，无论达官显贵还是平民百姓。林兄的追悼会上，人人哭成泪人，甚至彼此不熟悉的人，都在说着互相安慰的话——这么好的人，可惜了，可惜了。

一句"可惜了"，是人生的终极评价吗？

晓 光

2017年元旦，熊焰的另一位如兄长、亦师友的故交晓光离开了。

当年熊焰从机关单位出来，在中关村下海之时，晓光已然是业内响当当的人物了。两人在百校信息园之时合作得很好，彼此信任，并结下深厚的友谊。

从那时起，他们一直保持着联系，经常在一起聚会。熊焰把晓光当成自己做企业的导师，总能从晓光身上吸取正能量和经验教训。几年前，晓光发生了变故，身体和情绪都受到了相当严重的影响。熊焰曾经劝他离开，下海创业，但他一笑置之。后来他生病了，熊焰眼见他吃饭时拿不住筷子，写短信时手不听使唤不停颤抖，心痛不已。晓光是军人出身，身强体壮，开朗乐观，但是变化就是一瞬间。

晓光的家国情怀、事业心、责任感和公益心已经融化到血液里，熊焰自叹弗如。晓光还有乐于助人、仗义执言的一面。诗人式的浪漫，愿意出头露面，却不善于保护自己。壮志未酬，英年早逝，晓光的离去，让熊焰很难过。

在海上回望来时的河流，那些曾经陪伴自己涉险滩、过湍流的伙伴，有一些早早地化作了山石泥土，化作了星光点点……原本以为大家八九十岁以后一起在养老院里逗鸟遛弯儿侃大山，说着那些"想当年……""我年轻的时候……""现在的啥啥可是不如从前了……"之类的不着边际的话，如今看来是痴心妄想过了头。

万物皆流，无物常驻。

与他们一起走过一段路，已然是缘分，已然是幸福，除了感恩，还是感恩。路还是要走下去，珍惜身边的家人朋友，昂首阔步继续走下去。

> 世人都晓神仙好，惟有功名忘不了！
> 古今将相在何方？荒冢一堆草没了。
> 世人都晓神仙好，只有金银忘不了！
> 终朝只恨聚无多，及到多时眼闭了。①

---

① 节选自曹雪芹著《红楼梦》中的《好了歌》。

赫河之火

赫拉克利特（Heraclitus）出生在伊奥尼亚地区的爱菲斯城邦的王族家庭。这位富有传奇色彩的哲学家本来应该继承王位，但是他将王位让给了他的兄弟，自己跑到女神阿尔迪美斯庙附近隐居起来。①

赫拉克利特就是说了那句"人不能两次走进同一条河流"的古希腊哲学家，爱菲斯学派的代表人物。他将火看作一种宏观物质形态，主张生机勃勃、往复燃烧熄灭的火是宇宙与万物的本原，万物生自火，复归于火，火是万物变化生灭的活力之源。他认为，世界上的一切事物永远都在运动变化之中，万物皆流，无物常驻。

熊焰是一个适应能力很强，不惧变化，喜欢折腾的人。身处飞流的冷水之中，内心如火一般燃烧翻腾，这是熊焰喜欢的一种状态。反之，在一个地方停留得太久，日复一日，循规蹈矩，安逸但

---

① 资料参考：赵敦华，《西方哲学简史》，北京大学出版社，2001。

缺乏高峰体验的生活，熊焰是拒绝的。所以，他那么爱折腾，爱创新，凡事都想多种思路、多种途径、多种方法，喜欢研究新的产品，寻找新的刺激和新的增长点。到2014年，熊焰过了五十八岁的生日之时，他已然成为产权界的领袖式人物，德高望重。此时熊焰的官方身份是北京金融资产交易所董事长、总裁，中国银行间市场交易商协会副秘书长。再有两年时间，他就年满六十岁，可以圆满退休了。长江后浪推前浪，浮事新人换旧人，熊焰也即将要跟往事干杯了。

可熊焰毕竟是熊焰，他的世界里，没有寻常路。

北金所在经历了一番艰难跋涉后，如熊焰所愿，并入了央行体系，这对相关各方来说都是好事一桩。熊焰并非金融专业出身，能带领北金所走到今天这个局面，他自认为可以交卷了。北金所就像熊焰的孩子，孩子已经成熟，无论再怎么不舍，也要挥手告别；孩子要走向人生新的发展阶段，父母能做的，也就是微笑着退出他的人生，看着他的背影，渐行渐远。熊焰内心埋藏已久的念头愈发清晰。辞职创业！

这个想法，他酝酿了很久。不出他所料，几乎所有人都反对他的想法。几年来一直信任他、支持他的一位领导，听到他的一番说辞后，虽然表示很理解，但还是一针见血地道出了肺腑之言——你别没事儿找事儿！你再待两年，稳稳当当地退休不好吗？熊焰向自己一手提拔起来的心腹下属夏莉透露以后，夏莉已然不顾眼前是领导了，举双手激烈反对：北金所刚刚并入央行系统，并购后最需要的就是稳定，央行领导当然也希望队伍稳定，在这个情况下，被并购方的一把手走了，会让外界有诸多揣测，央行领导也不希望看见这个情况。夏莉像机关枪一样，每一句都往七寸上打，希望能够改变领导的主意。熊焰跟夫人陈畅一说，简直就是捅了马蜂窝。陈畅直言，能不能别瞎折腾！想起一出是一出，就不能消停两年过过安稳日子？给点儿阳光就灿烂，给个火苗就沸腾，你不想想你多大岁数了，还有这么不切实际的想法。总之坚决反对，无论你说得天花乱坠，我就是反对。

陈畅是家里的风控总监。熊焰一向天马行空，喜欢刺激和冒险；陈畅是财务出身，属于保守稳健型，厌恶风险。这样的互补，既有利于家庭稳定，又能增添乐趣。熊焰身处要职，是单位一把手，平时一言九鼎，说话很有分量；可是回家后还是要归家里的风控总监管，接受各种批评和泼冷水。陈畅回想，自从跟熊焰结婚，熊焰就没"消停"过，他总是灵感迸发，突发奇想。陈畅跟随熊焰，离开家乡来到北京，陪着熊焰一起打拼。随着年龄的增长，高兴的是熊焰确实是步步攀升，事业越做越大；缺憾的是熊焰一心扑在工作上，留给家人的时间非常有限。光光从小学一年级到高中，家长会全是陈畅参加的。陈畅每天下班回家做好饭接孩子回家，吃完饭后盯着孩子写作业，在作业本上签字，然后检查背诵，并签上"已背熟"。休息日她带着光光学书法、学电子琴，陪孩子参加比赛。熊焰从毕业留校工作开始一直很忙，业余时间几乎被工作填满。为了不影响他的工作，陈畅几乎将光光的教育和家庭事务全部承担了起来。陈畅也有自己的工作，有自己的兴趣和爱好，为了熊焰，陈畅舍去了很多。可以说，熊焰取得的全部成就，军功章上有陈畅一大半。陈畅喜欢旅游，尤其热爱摄影，熊焰曾经答应过她，一退休就同她周游世界，还要写游记，陈畅拍照片，熊焰写文字。快到退休的年龄了，陈畅一直盼望着这一天，没想到，熊焰又要"起幺蛾子"。所以陈畅很不开心，不理他了。别人都好说，陈畅是熊焰的命运共同体，工商上的说法叫"一致行动人"，她不同意，这关是过不去的。

既然大家都反对，那这步是不是错了呢？其实大家并不反对他出来干事创业，不少亲朋好友甚至是支持的，大家只是反对他在五十八岁的时候辞职，放弃了应有的各种待遇，为他感到惋惜，觉得不值。但是，熊焰想出来创业的想法并不是五十八岁突然蹦出来的，这是他一直以来的愿望。从20世纪90年代离开哈工大，他几次想离开国有体制下海闯荡。后来他虽然离开团中央到中关村做企业，但这并不是他心目中真正意义的下海创业，他只是在国家政策和政府资源的支持下，依山傍海做事。他做出了成绩，得到了肯定，但是，他不想止步于此，不想被所谓成功的幻象迷惑，迷失自己。如果这个方向是对的，那就没有必要再等待两年，拖着这两年对自己、对下属、对北金所，都没有好处。在外人看来，熊焰是个雷厉风行、积极果敢的人。可熊焰对自己的判断并不完全如此，他了解自己的弱点——不够勇敢，之前几次想离开没有离开，确实是顾虑很多。可是人生短暂，有限的职业生涯，不可再优柔寡断。

一万年太久，要争取，就现在。

熊焰反复游说陈畅，还找光光帮忙。熊焰知道妻子和女儿最关心的并非是收入，而是自己的身心健康，所以他转变了谈判策略。熊焰对她们说，他辞职创业的最大动因是要延长自己高质量的工作和生活时间，持续的高强度工作会让这个时间延长至少十年。

陈畅想想，算了吧，这个老头子，不管他了！

> 我愿意是急流，
> 山里的小河，
> 在崎岖的路上、
> 岩石上经过……
> 只要我的爱人
> 是一条小鱼，
> 在我的浪花中
> 快乐地游来游去。[①]

起风了，波澜的形状千变万化，卷起一束明艳的火光。

[①] 节选自裴多菲，《我愿意是急流》，孙用译。

6 拥抱朝阳

你不是夕阳。
你是热烈的、奔腾不息的、拥抱朝阳的人。

一封辞书

2015年3月18日,在北京金融资产交易所2015年股东会与第二届董事会第三次会议上,熊焰正式履行了辞去北金所董事长、总裁职务的法律程序。两天后,熊焰内部发表了一封辞职信——《难以割舍的事业,更难以割舍的你们》。①

各位同事:

这一天想了几个月,当它真的来到时,我的感受极其复杂:既有回首过去,带领北交所集团登上中国产权市场高峰的自豪,又有对北京金融资产交易所快速成为债券市场"国家队"的成就感,也有对共同创业长期合作的同事们的依依不舍,还夹杂着对未来创业的憧憬与不安。

作为一个职业经理人,一个国有企业的领导者,在过去十几年的交易所生涯里,我倾尽所能,全心投入。今天,我问心无愧,无怨无悔,

---

① 选自《难以割舍的事业,更难以割舍的你们》,熊焰,2015年3月20日。

云舒云卷心皆安。

我进入交易所行业完全是一个偶然。十三年前，应北京市科委的邀请，我主导了中关村技术产权交易中心改制为交易所的全过程，此后在范伯元副市长与北京国资公司李爱庆董事长的召唤下，出任中交所总裁，朋友圈将我的这次"转身"戏称为"编剧成了男一号"。从那时起，我就爱上了这个行业，并且为之投入了全部的精力。

2003年3月1日，中关村技术产权交易所开业。当时的北京市委书记刘琪出席了揭牌仪式。中交所一开始只有十九个人，首年交易额才几个亿，运营困难，收不抵支，最后是在中关村和海淀区政府的帮助下，才勉强达到收支平衡，发出了奖金。

2004年2月14日，我们迎来了北京产权交易所的成立，王岐山代市长出席北交所揭牌仪式，从那个"情人节"起，我和吴汝川两个"老男人"牵手十年，共同推进北交所的发展壮大。期间我主持了北交所集团的战略规划、业务扩张布局、团队组建和政府协调，度过了一段充满激情、充满挑战的时期。北交所集团各项业务迅速扩张，几年时间，就由一个交易所扩张裂变成"一托十二"的交易所集团格局，交易额也在持续跃升，从组建时年交易规模不足百亿，到2013年我辞去董事长时交易规模达到上万亿，十年时间，交易量翻了上百倍。

2010年5月30日，北交所舰队中的旗舰——北京金融资产交易所诞生，北京市长郭金龙、北京副市长吉林、央行副行长刘士余出席揭牌仪式。这个从诞生之日起就显得有些与众不同的平台，有两个让我没想到：一是没想到它能进入"国家队"，成为中国金融市场的重要基础设施；二是没想到它也成了我交易所生涯中的最后一站。

一开始我认为自己作为北金所大股东单位的负责人，将出任北金所的董事长，没想到北京市分管领导说：过去几年你们建立了七八个交易所，对首都要素市场建设做出了积极贡献，但那都只是"前哨战"，北金所才是"三大战役"！你要把所有能放下的事全都放下，全力以赴主导北金所运营！于是，我出任了北金所第一任董事长兼总裁。

一切如预料，北金所成立当年交易额实现368亿元人民币，第二年达到2 409亿元人民币，第三年就达到6 378亿元人民币，遥遥领先全国同业市场发展，成为各地方交易所竞相模仿的标杆，全国各地来学习取经的单位络绎不绝。

而就在北金所发展高歌猛进、年交易规模上万亿的目标近在咫尺之时，一个重大的考验来了——2011年11月，国务院正式发布"38号文"——《关于清理整顿各类交易场所切实防范金融风险的决定》，全国性的交易所清理整顿开始了。按照国务院文件的要求，从事金融产品交易需经国务院金融监管部门的批准设立，这无疑会将只是经过北京市政府批准设立的北金所挡在金融市场门外。经过各方面的争取与博弈，在中国人民银行和北京市政府的大力支持下，2013年底，中国银行间交易商协会正式入主北金所成为第一大股东，北金所"脱产入金"，由金融市场的"地方队"跃升为"国家队"。

为更好带领北金所团队发展，我也辞去了北交所集团党委书记、董事长职务以及集团下属其他平台董事长的兼职，专任北金所董事长、总裁并兼任银行间市场交易商协会副秘书长。协会入股一年来，北金所在全力保持原有业务相对稳定的前提下，聚集精兵强将，全力切入银行间债券市场。在中国人民银行金融市场司、外汇交易中心、上海清算所等各方的全力支持下，北金所先后建设完成了非金融企业债务融资工具集中簿记建档平台和非金融机构合格投资人交易平台，成为中国金融市场的重要基础设施之一。

回首过去,感慨万千。我感激这样一个时代。交易所这种市场高级业态,正是随着中国市场化改革的深入和市场体系完善过程中逐步形成并发展成熟起来的。我本人也是在这样一个历史机遇中,找到了自己的职业位置,找到了人生的发力点,与这个行业同呼吸共命运,共同成长,度过了非常精彩、快乐的一段职业生涯。

我感谢北交所、北金所的股东们和相关政府部门,特别是国资公司、交易商协会等大股东单位,他们给了我本人和团队几乎无保留的信任与支持,赋予了我所代表、所引领的管理团队几乎以全权。这种信任与支持,使得我们的梦想一个接一个地实现。

我还要感谢同事们,大家的信任、理解、支持和包容,使我一直保持自信、兴奋、快乐的"正能量"状态。我特别要感谢团队成员对我的信赖、理解与配合。我是个有大格局但粗线条的人,正是团队成员的执行力、团结协作与细致落实,补上了我的短板,成就了共同的事业。

主要作业团队成员都知道,我经常会把一些想法、创意写在一种小方格稿纸上,那些想法多是在休息日,在家里的阳台上,甚至是半夜思考睡不着觉起来记下来的一些想法。交易所工作十三年,我只休过一次年假。我之所以能够保持"蛮拼的"工作状态,与股东特别是大股东和同事们的信任放手与全力支持是分不开的。到今天,我更认识到了过去所做出的成就,其实就是源于大家的信任与支持。

有朋友问起,为什么我会在这个时间点下决心自己创业?

这其实是一个极其矛盾、复杂,甚至痛苦的决定。我决心创业的原因大概可归为几点:

第一,北金所已经走上了正轨,我可以选择全身而退了。作为职业经理人，作为北金所的主要创建者，我是把北金所作为我在公职生涯中的最后作品，我之于北金所的情感，多少有一点像父母之于孩子。交易商协会成为北金所第一大股东一年后，我欣喜地看到，北金所已经走上了正轨，顺利成为中国金融市场基础设施的组成部分。

第二，北金所的主导业务发生了转折变化，我的个人作用已经不大了。债券作为金融体系的高端产品，体系博大精深，业务关系复杂，短期内可知皮毛，如果想融会贯通则非五年以上功力不可。协会入股前，我曾经为如何能切入这一市场而进行过反复思考，甚至想到偏头痛的程度，但最终也没想清楚。在过去的十年交易所生涯中，我承担的是规划师和决策人的角色，而在债券业务中，我已经无力承担这样的角色了。因此，我选择了激流勇退，把位置让给更专业、更年轻的同志吧！

第三，自己的年龄与身体现状，适合选择一个新的事情。我已经年满五十八岁了，但身体、精力都还不错，也许是生活条件改善了，也许是家族的健康基因，我自信还能够高质量地工作十到十五年。记得2000年从团中央到中关村时，我当时最强烈的想法，就是要在六十岁后"自己雇用自己"，那就从现在开始吧！

短暂休整之后，我将开始启动新的梦想，我将和几位朋友共同策划成立一个基金，专注于国企混合所有制改革、新能源与互联网+等领域的改制、并购与投资机会。我们想给基金起名叫"国富资本"，源于《国富论》《资本论》这两本书的名字。我希望能赶上未来中国经济发展的风口，或许能乘势"飞"起来！我希望继续做点儿有意义、有价值、有意思的事。能干成大事更好，干不成大事干点小事也不错。

最后，我衷心地希望北金所在新班子的领导下，在协会的大力支持下，债券业务高速发展，债权和国金业务不断创新。始终保持团结和谐的氛围，始终保持市场化机构的活力。用好用足央行和协会的信用，把北金所真正打造成"中国金融资产超市"。在我内心里，我始终是北金所的一员。

想的有很多，就写到这里，其他的就留着做吧……此刻，窗外的西二环依然车流不息，好似"大众创业、万众创新"的涌动春潮。而我，仿佛又回到了十三年前，重新站到了起点。

五十八，再出发！

熊焰
2015年3月20日

两天后，熊焰辞职的消息和这封辞职信有如一颗炸弹，引得北京产权界、金融界广泛关注，人民网以《北金所董事长熊焰辞职拟创办基金公司》为标题对外界披露了相关消息。在稿件正文中用了"多家媒体报道了熊焰辞职的消息，但截至发稿记者并未联系到他本人。"等措辞。熊焰的亲友、校友、过去的老同事、老同学也从新闻上看到了消息，有人竖起大拇指觉得老熊不愧是老熊，敢想敢干；有的唏嘘不已，脑袋摇得像拨浪鼓，对此深表惋惜……所有这些，熊焰已然顾不上回应，因为他又出发了。

国 富 资 本

2017年,熊焰的外孙出生,看着这个孩子,仿佛看到光光小的时候,但感觉又不太一样。光光幼年,熊焰正值人生的奋斗时期,陪伴孩子的时间不够多。光光从小很自立,无论学习还是生活,让他操心的地方确实不多。如今看到宝贝外孙出生,肩头已经完全没有了为人父母的枷锁,不必再板起面孔耳提面命,只要全心全意地去爱他就好了。舒服,惬意,高兴。

熊焰初创国富资本时的感觉也是这般,他已经不必再用各种所谓的成功的标准去证明自己,也不必用大众的标尺去衡量国富资本,不必循规蹈矩,可以按着自己的理想去做一些可爱的小探索,有趣又生动。

久在樊笼里,复得返自然。

但这世上最奢侈的东西就是"自由自在"了吧!没有了依山傍海的资源优势,独立自主的国富资本必须要自力更生。熊焰从前在北金所的办公室有100平方米,现在却只有20平方米;以前有单位食堂,现在却连固定用餐的地方都没有,这仅仅是物质上的落差。曾经,作为北金所的一把手，熊焰走到哪里都像明星一样受人追捧；现在自己创业，很多事情必须低头求人。幸好，熊焰从始至终没把自己太当回事儿，他很明白以前的光环主要来自所在的平台，来自于社会对平台的尊重和信任，褪去了这个光环，光环中的赞誉和光环旁边跟随的人也随着褪去，这是情理之中。对此，他一向很通透，看别人如此，看自己亦然。

独立自主，自力更生，艰苦创业。

熊焰在很多年前就关注到中小企业融资，关注到了民企的生存状态。而今他也成了民企，才深刻体会到民企发展之难。国富资本的前三年没有盈利，团队的原始资本基本打光。在陈畅几次劝他"撤吧，别干了"的时候，在没辞职之前得到大量的许诺后期无法兑现之时，碰到"资管新规"市场总体资金吃紧的时候，熊焰体会到了创业的艰难。民营企业太难了，尤其是在创业阶段的中小企业，凡是能成功的创业者和企业家，都是一等一的高手。同时，熊焰作为创业者的投资人，对创业者怀着深深的敬畏之感。熊焰的投资理念也更加的夯实——投资就是投人。只要这个创业者真的行，这个人折腾的事，也许一两次不行，但总有行的时候。

一个企业在几年不盈利的情况下，能够坚持商业动作不变形，坚守底线不放松，这中间的苦，只有企业家自己知晓。企业是企业家的事业，国富资本是熊焰的事业，熊焰与市场上大多数创业者一样，认真、坚持、坚守。

古时六十岁又称为耳顺之年，杖乡之年。就是人到了六十岁，走过了风雨，见过了世面，饱尝冷暖，行至此，人已淡然，听什么都顺耳了，不再执拗，挂着拐棍在乡间悠闲地散步，怡然自得。古人六十岁已是高寿，解甲归田，理所应当。其实人生是很巧妙的结构，大多数人年轻力壮之时没有成功的经验，甚至误入歧途白白浪费很多时间；当年纪与阅历增长起来，优秀的行为习惯培养起来，岁月却不饶人，弹指一挥就到了退休的年纪。想要在精力与经历中找到最佳的黄金分割点，太难了，真的找到了，外部环境又不一定给力。到了六十岁这个年纪，身体和精力又允许自己去闯荡，这何尝不是人生的另一种幸运。这也就是为什么很多成功企业家、学者到了八九十岁才退休，甚至有人终身工作。陈畅退休后就蛮有建树，她背着相机四处旅行、摄影、写游记、参加时装模特走秀……精彩纷呈。熊焰用实际行动支持陈畅的各种"壮举"，能陪同就尽量陪同，不能陪同就在朋友圈为爱人点赞和转发。

六十岁的熊焰先生，完全没有退隐江湖的意思。相反，似乎他此时才刚刚杀入江湖，细嗅江湖中的尔虞我诈，明枪暗箭，正是红光满面、怒发冲冠之时。拐棍是挂不了了，耳朵尽量做到兼听，当然，听来的不一定顺耳。

> 六十再创业，
> 岂止稻粱谋。
> 身心跃天界，
> 憾补志未酬。
> 冷车遇陡坡，
> 经年几无收。
> 除夕辗转夜，
> 前路独运筹。

这是熊焰在创业一年左右的时间随手写的一首诗，很好地反映了他当时的心境。兜兜转转，对于创业者来说，人生的这一课总要有。"猛虎不下山""猛龙不过江"，在理，但却是人生选择中保守又稳健的方案。这种方案永远不是熊焰的首选。

早年在哈工大求学之时，熊焰的硕士毕业论文是《中国工业机器人产业化研究》，这为他的创业埋下了伏笔。在他的规划中，"国富资本"专注于国企混合所有制改革、新能源与"互联网+"等领域的改制、并购与投资机会，在"互联网+"领域，熊焰会一步聚焦到以机器人为代表的智能制造领域。关于机器人，他还有一个梦想，等待他去圆梦。

2017年清明节，父亲过世两周年之际。熊焰与陈畅回到哈尔滨为父亲扫墓。留诗一首。

清明北国霾正浓，夫妻扫墓归边城。

夹树村路花未发，乾坤园里草乍青。

藏香袅袅思无语，春风漫漫忆有声。

创业二载欲问策，孙孕四代求起名。

以子之矛

2017年，熊焰与国富资本迎来了一个机会，西陵峡集团分拆新能源业务。西陵峡集团是国内非常著名的水电开发公司，对长江经济带发展具有举足轻重的作用。西陵峡集团负责本次分拆业务的耿云与熊焰是多年好友，遂邀熊焰一同出谋划策。

新能源项目当时前景并不明朗，大多数项目报表利润很好，但是没有现金流，商业循环没能实现完整闭环。只有装配端电价下降时，这类项目才有可能产生健康循环。所以，西陵峡集团的分拆业务，在当时来说是个"赌未来"的项目。既然这中间有企业混改的机会，与国富资本的主营业务吻合，西陵峡集团又如此知名，又与耿云熟识，熊焰就让团队深入研究一下。从股东结构到增资策略，熊焰给耿云出了不少主意，也是在这个过程中，熊焰和国富资本团队渐渐发现了这个项目蕴藏着巨大机会。新能源项目分拆独立上市，对于国企来讲障碍比较小，未来可期。熊焰把项目推荐到北交所路演，在北交所的策划和运作下，这个项目在市场上的热度越来越高，从开始的无人问津，到后来市场中的头部企业、机构悉数登场。在其中的财务投资者中，熊焰的国富资本在行业中还处于成长和发展阶段，无论业绩还是知名度都无法与其他机构抗衡。

这么大体量的交易，熊焰首先要征询投资人的意见。熊焰一直坚持的理念是，无论合伙协议是否赋予管理人在项目上的决策力，对于关键项目，必须征得投资人的实质同意。熊焰对自己的判断很有信心，如果赢了这一仗，国富资本在市场上也就能够打出知名度、站稳脚跟。项目不等人，熊焰必须争分夺秒。经过几番艰难的博弈，熊焰巧妙布局，最终说服两家国资互相背书，共同投资这个项目。一切铺平垫稳，时间刚好赶上项目在北交所增资竞价。北交所的制度是熊焰亲自设计的，不说十拿九稳，也不会有什么差池。

熊焰的眼光是不错的，这个项目有110亿元人民币左右的投资额度，却吸引来了300亿元人民币的资金；原本计划将项目份额给6~8家投资人，却来了20家机构。这20家机构，都是真金白银给北交所交了1亿保证金后进场的投资者，竞争将会异常残酷。

要公布结果之前，耿云突然要约熊焰聊聊。耿云在这个时候有此举动，熊焰心中已经有了基本判断。两人是多年好友，既如此，开诚布公，没有绕弯子。因项目过热，能够给项目带来战略资源的产业投资人已经有8家。耿云直言，老哥，如果你是我，你怎么选。熊焰此时已了然于心，高手过招，不必赘言。如果此时熊焰不是有受托责任，考虑自己的投资人，他不会多说一句话。熊焰问，是否考虑给财务投资人留些份额，结构上会更加灵活一些。耿云和盘托出，份额给了哪家财务投资人，就等于得罪其他机构，他只能直接一刀切，切在产业投资人和财务投资人中间。

事实很清晰地摆在眼前。换位思考，也没有余地了。双方心如明镜，虽然彼此交情多年，国富资本团队在这个项目上倾注了心血，前期做了大量的工作，北交所当初因熊焰的背书和推荐为项目提供了非常优质高效的服务……但是一切的一切，都不是成交的实质理由。成交的理由只能有一个——达成商业目的。此时如果熊焰与耿云交换位置，熊焰也只能得罪朋友，选自己应当之所选。

结果公布了，国富资本没有拿到份额。这件事对于年轻的国富资本来说，影响是深远的。1亿的保证金在北交所放了4个月之久，对于没有拿到份额的机构来说，压力不言而喻。善后和收尾工作完成后，熊焰迅速组织队伍复盘。分解在这一事件中各自的功过得失。打铁还需自身硬，国富资本今后要拿出更多的精力深入产业做深刻的行业研判。对行业认识透彻，话语有力，动作娴熟，项目方才会将珍贵的增资份额留给国富资本。经过短期的调整，国富资本动态调整了原有的部分投资逻辑，更加深入地扎进军工、5G、新基建等领域，在一个方向上深度耕耘，成为能够帮助企业整合资源、创造价值的战略投资人。

坚守擅长，拥抱未来；整合资源，创造价值。

于国富资本而言，摸着石头过河，一脚踢到了石头上。北交所的增资制度是熊焰设计的，但是在他最重要的项目上，被这个制度踢出了局。这制度设计的果然公平公正、逻辑严谨、安全高效。

以子之矛攻子之盾。攻不进去是真的不爽，能挡一矛也是真的畅快。无可抱怨，无话可说。

临渊羡鱼，不如退而结网。熊焰首先调整自己。原来在北交所和北金所时，熊焰的工作方式比较"粗线条"，很多工作需要放权给下属部门，既能够激活大家的工作动力，又能提高效率。但是在做民企老板之时，尤其是创业企业，需要熊焰更加细致，对全盘业务掌控有力，自己的位置和身段更加靠前。经过一段时间有意识的调整，下属纷纷表示熊总比以往更加接地气了。

一切都是最好的安排。

触底反弹的国富资本形成了双轴发展格局。它的长轴是数字产业，通过红山通讯项目完成5G旗舰布局，控股上市公司；通过航天行云、火箭股份、九天微星等项目在商业航天领域取得优异的成绩；通过索为云网、国富云、国家工业APP创新中心切入工业互联网；通过钢猫、航天安邦、捷智布局智能制造。它的短轴是新能源，通过投资微燃炉项目在生态优化、扶贫、节能方向深耕，同时拓展智慧能源领域的开发。在双轴驱动下，年轻的国富资本已然完成近10亿元人民币规模的投资额。

小荷才露尖尖角，欣欣向"融"。

一 颗 火 种

初心就是最初的那个心愿,最开始的那个想法。这个心愿自始至终从未改变,是为不变初心。如果有一种特异功能,把时间和空间凝固,我们乘坐时间飞船,飞回开始的那时那刻,取走那时的"心"和"心中所想",再乘坐时间飞船飞回此时此刻,这样得到的此时的"心"和"心中所想"必然是"不变"的,而且是一模一样的。解除这个特异功能,让时间流动起来,让空间变换起来,这种一模一样就变得毫无意义。

熊焰的创业之初心,像一颗小火苗,在夜空中扑闪,在雾霭中划入大地,充分地集聚能量,燃烧,燃烧,燃烧到奔腾的洋流中,依然没有覆灭。跳跃、翻腾,惊心动魄,颠沛往复。火还是火,依然没有变。

父亲对熊焰说,读书是为了自己、家庭和中华之崛起。如今创业,他要最大限度地发挥自己的才智为社会持续贡献能量,除此之外,他要追逐财富。或者说,追逐财富是他年逾六旬奔跑在创业路上的一个重要原因。钱是永远都不够花的,熊焰的钱不会过多地花在自己的享乐中,他追逐财富是要做一件重要的事，一件让他牵挂的事。他心中一直藏着一个小心愿——哈工大。对，还是哈工大，他一生都不能割舍的情怀。熊焰经常会想，已经年届百岁的母校，下一个百年如何发展？在通向世界一流大学的道路上，他能够做些什么？当前，哈工大很受国家的重视，科研经费和科研力量很雄厚。但从当今世界一流大学的成长历程来看，杰出校友的回馈是学校不断发展壮大的重要支撑。因特殊的培养目标和历史原因，哈工大培养的毕业生很大一部分进入国家机关、科研院所、央企国企、事业单位，自主创业的校友比重很小，创业成功的校友更是少之又少。熊焰从自身的经历发现，在事业单位、国家机关、国企身处要职也能够通过自身的影响力回馈母校，但是无法积累财富。如果想得到源源不断的来自于杰出校友的捐款，那就需要培养相当体量的杰出创业者。当熊焰发现了这个机会后，他很想为母校捐一笔钱，用这笔钱成立一个基金，专门用来支持在校生和青年教师从事种子轮、天使轮的创业实践，让学生在校期间就能够开展趋于完整的商业实践，在实践中培养创业者气质。学生离开学校后，能够有规划、有步骤地踏上自己的创业梦想之路。这样一届又一届持续下去，经过五到十年的时间，就会有一批优秀的青年创业者校友；经过十到二十年时间，将会历练出一批成功的企业家校友；二十到三十年后，才能有一批杰出的上市公司校友企业。春天埋下一颗种子，细心呵护，秋天长成一棵小苗，十年树木，百年树人。

六旬创业唯一愿，半为工大半为妻。这是熊焰创业的初心。他想挣出一笔钱，以他和陈畅夫妻的名义捐赠给学校，成立校友创业投资基金，他们夫妇拿出的全部本金和将来的基金收益都捐给哈工大。熊焰大致估算了需要的资金量，参考国内高校和私募股权基金的惯常做法，基金规模在一亿元人民币比较合适。这就是熊焰当前以及今后一段时期的小目标了。

熊焰要把这件事做实在,他打算用十年左右时间按计划、分步骤进行,条件成熟后,他要五百万、一千万地逐步做起来,有多少就付出多少,不好大喜功,不贪慕虚荣。

熊焰只有一个独生爱女,他并未考虑把财富留给她。熊焰一直觉得,光光已然自立并远超过自己,她的幸福生活靠她自己,完全没有问题。与其把钱留给光光,不如把健康的心身、和睦的家庭和积极的态度留给她,那是最好的遗产。

不息、不熄

熊焰自幼所受的教育——待人要真诚、要谦卑有礼、不能打架、骂人；即使遭到诋毁和不公，也不可借此向他人泄愤；不可说谎。

多年来，熊焰在各色圈子里见识过很多人，有谦谦君子，也有猥琐小人。以人为鉴，观自身，他要活得快乐舒心。所以他不能蝇营狗苟、摧眉折腰地憋屈自己。他必须坚持讲真话不说假话，因为一旦说了假话就难免用一个谎言去圆另外一个谎言，遮遮掩掩、劳心劳神；说真话反而省心省力，虽然有时会让别人感到不舒服，场面上过不去，但自己的内心坦荡又安宁。生命短暂，不值得浪费在圆谎和逢迎上。熊焰不屑去追求那种厚黑哲学和权谋诡计，不愿沉瀣于泥淖之中。世界是无常的，"一帆风顺"只是美好的愿望，他不去预知未来，不为尚未到来的事物庸扰，不去躲避一切灾祸，来什么就面对什么。随心，讲原则，无所畏惧。

无论辉煌还是苦难，过去总会过去。熊焰不执着于过往，他喜欢往前看。那奋斗的青春之火，欢快热烈，燃得正盛。

他从山谷奔腾而来，蜿蜒前进，鸣溅入海。那不是风平浪静安详之海，亦不是波涛汹涌暴风骤雨之海。那是一片熊熊火海，焰焰跳跃，蒸蒸不息。

> 始终把你的梦想空间定得高于你已经有的成就。
> 相对于我的梦想，我还很年轻。
>
> ——熊焰

跋

造神容易，写人难

写熊焰老师的故事，不能算是创作，他的故事原本就在，我只是记录下来，以我看他的角度，用我的语言"翻译"成了一本书。即便如此，对于文学禀赋不高、文字水平有限的我来讲，成书并不容易，古人有"一将功成万骨枯"，而我是"一书写成头发秃"。

2017年9月，哈工大举办"第六次海内外校友工作研讨会"期间，我第一次与熊焰老师交谈，据熊老师后来回忆，那一次交谈，他就产生了委托我筹备本书的想法。

后来，我离开学校，来到北京工作，结识了很多哈工大校友，与熊焰老师的交集也多了起来。当我听说母校百年校庆之际要出版"建校百年·哈工大人系列丛书"时，心里"叮"一声响，我觉得这是一件很有情怀的事，很想参与。于是，我不自量力又爱"冒傻气"的劲头来了，鬼使神差地跟熊焰老师毛遂自荐。过了几个月，熊焰老师找到我，开始讲述他过去的一些经历，就这样，也没个正式的开始，没有法律形式上的授权，我的资料搜集工作就开启了。

　　写作毕竟不是我的主业，只有在工作不忙的时候，夜夜挑灯，这个过程委实痛苦。这期间熊焰老师的故事给了我巨大的鼓励和鞭策，我仿佛穿越回20世纪初，捋着中国近现代史，走了一遍他的人生。随着故事的跌宕起伏，我也曾走火入魔，如痴如梦。当写到熊焰早年在哈工大团委工作时的场景，我仿佛回到了熟悉的校园，与学生交流，与同事并肩，点滴历历，犹在眼前；当写到熊焰在产权市场领域上下求索，步履维艰，多次破釜沉舟、孤注一掷之时，那种"先行者"的孤独与执着让我震撼；当我写到熊敬威老先生过世，熊焰八旬高龄的母亲颤颤巍巍地追到电梯口，在爱人脸颊上最后深情一吻之时……我不由自主地泪流满面；当写到熊焰五十八岁辞职再创业的时候，我才发现我在之前已经用尽了全部的溢美之词，到了这个"壮举"，已然词穷，好在这就是熊焰这个人物顺理成章的抉择，无须牵强附会。在写作过程中，我感受到了熊焰老师对事业与人生的追求。当你真正喜爱一份工作，发自肺腑地抱有热忱，那一切困难都不是困难，你总会寻找到一种方法，逼迫你自己通向成功。

　　熊焰老师对事业如此，我对写作亦是如此。

　　我一直对熊焰老师怀有崇敬之情，长期以来，他在我心目中是"神"一样的存在。一个有血有肉的活生生的人一定是多面的、立体的、复杂的，而我脑海中的他是完美的、圣洁的、神话的。所以，对我来说最大的困难就是如何克服"心魔"，把熊焰"拉下神坛"，由神变成人。本书根据熊焰老师的经历分为两部分，前半部分侧重熊焰老师的家庭和青少年时期的经历，后半部分侧重熊焰老师离开哈工大后在每一个人生舞台上干事创业的历程。

我阅历尚浅，但巧合的是我的人生轨迹中与熊焰老师有一段相似的经历。我们都出生在哈尔滨，都曾在哈尔滨工业大学求学，毕业时都选择了留校，留校的部门还都是校团委。熊焰老师在校团委工作八年，我在校团委工作七年。更巧的是，我们在结束哈工大的职业生涯后，都到了北京。而且，现在都在金融领域从业。我想熊焰老师当初选我来写这本书，也许是看中了这一点，略有相似的人生轨迹让我在很多故事的记述上很能共情。从采访到初稿完成，我与熊焰老师一共见面不到五次。熊焰老师寄予我极大的信任，成稿后，除了对事实的匡正，并未在故事结构、语言文字上做任何改动，甚至我提炼的一些精神内涵的东西，他都丝毫未动。他对我说："这是你的作品，你眼中的熊焰，所以，做你自己就很好。"

能与熊焰老师结识，是我人生的幸运。作为哈工大学子，能以这样一种方式回馈母校的教育恩情，我感到十分幸福。

本书以熊焰老师本人及亲友的叙述为基础，采用了纪实文学与传记体相结合的方式，尽可能地还原了熊焰老师的人生。为免叨扰当事人，本书部分人物采用化名。一切回忆都难免因情感删削真实，因此，本书归根结底是文学作品，希望读者能够喜欢。

非常感谢为此书提供无私帮助的前辈、师长、亲友。感谢陈畅女士、熊晨光女士、白双鹂女士、吕楠楠女士、姜长宝先生、李哲先生为本书提供素材。感谢时任哈工大博物馆副馆长曹云峰老师为本书中涉及校史部分提供宝贵参考依据。感谢哈尔滨第六中学历史教师袁洪波为本书近现代史部分提供指导。感谢我的朋友王健、王嘉宁、刘垚君、王晓楠为本书提供文献资料核对支持。感谢闫嘉伟先生和闫心一女士对我的理解与帮助。

由甲子

2020年7月,北京